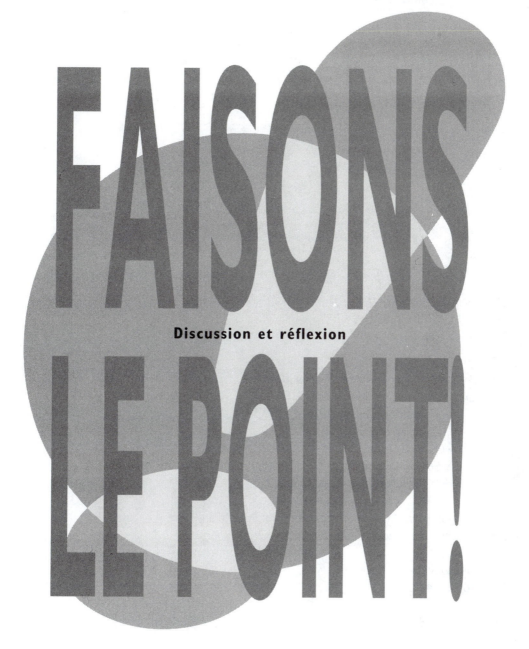

FAISONS LE POINT!

Discussion et réflexion

Karen Harrington
East Tennessee State University

Josette Penso
Paris, France

D0166077

PRENTICE HALL UPPER SADDLE RIVER NEW JER

Editor-in-Chief: Steve Debow
Executive Editor: Laura McKenna
Director of Development: Marian Wassner
Assistant Editor: María F. García
Editorial Assistant: Karen George

Managing Editor: Deborah Brennan
Cover and Interior Design: Ximena de la Piedra
Art Production and Map Creation: Maria Piper
Manufacturing Buyer: Tricia Kenny

©1996 by Prentice Hall, Inc.
A Simon & Schuster Company
Upper Saddle River, New Jersey 07458

Printed in the United States of America
10 9 8 7 6 5 4 3 2 1

ISBN 0-13-014259-X

Prentice Hall International (UK) Limited, *London*
Prentice Hall of Australia Pty. Limited, *Sydney*
Prentice Hall Canada Inc., *Toronto*
Prentice Hall Hispanoamericana, S.A., *México*
Prentice Hall of India Private Limited, *New Delhi*
Prentice Hall of Japan, Inc., *Tokyo*
Prentice Hall of Southeast Asia Pte. Ltd, *Singapore*
Editora Prentice Hall do Brasil, Ltda., *Rio de Janeiro*

TABLE DES MATIÈRES

PREFACE

Faisons le point! is a collection of texts drawn from the popular media that encourages students to use their knowledge and skills to discuss timely topics and events in French. Students discover and explore aspects of culture and society and apply cultural concepts through listening, speaking, reading, and writing activities.

Faisons le point! is intended for students who have completed one or two years of French. It may be used as a springboard for conversation or composition in a wide range of intermediate and post-intermediate courses in high schools, colleges, and universities. The communicative approach to the study of culture makes **Faisons le point!** an appropriate choice for culture and civilization courses. It may also be used in conjunction with a grammar review text.

A range of high-interest, contemporary readings and author-generated texts-on-cassette explore aspects of each chapter theme and contribute perspectives to a topic. Texts have been chosen to pique students' interest and to foster appreciation of cultures other than their own. We have attempted to include issues of importance to today's students: issues with which students contend in their own lives.

Faisons le point! is extremely flexible. Chapters have been designed to be completed according to interests and course goals.

Chapter Organization

Each chapter consists of two written texts and one text-on-cassette. A functional vocabulary section is included at the beginning of each chapter. Pre-reading and post-reading activities accompany all reading selections.

Chapter opener and *Servez-vous*. The chapter opener sets forth the principal ideas discussed in the readings. The vocabulary lists (***Servez-vous***) acquaint students with words, phrases, and idioms that will facilitate their understanding of the topic and, as the title suggests, will become useful communicative tools to foster discussion of chapter topics. Each list is divided into semantic fields that lend themselves to post-reading activities. The ***Servez-vous*** lists are in no way an exhaustive list of expressions found in the articles. As such, each can be highlighted at the teacher's discretion. Core vocabulary for text comprehension is presented and practiced through carefully sequenced pre-reading exercises.

Avant de lire. The pre-reading exercises serve as warm-up activities that introduce and sensitize students to the chapter topic. Students learn strategies of inference that enable them to approach a topic through contextual exercises that preview each reading selection. Students also practice and use important vocabulary, relevant to each text. Exercises are interesting, informative, and entertaining. They prompt students to voice impressions and opinions, to develop positions on issues, and to select solutions that best correspond to their understanding of the problem raised. They raise questions, provoke thought, and promote student involvement, thereby easing the transition to the reading selection itself.

This section provides essential vocabulary necessary to master the reading. Various exercises (*La Famille des mots,* antonyms, synonyms) facilitate vocabulary study by focusing on semantic relationships, equivalents, or opposites. Students discover associations among families of words and learn to work with synonyms and antonyms. Other exercises ask students to infer meaning by presenting words in a contextual setting. Vocabulary learning becomes an active exercise; students readily internalize expressions encountered in each text.

Selections. Of varied length, each reading selection illustrates an important issue central to the chapter's theme. Unfamiliar terms, idioms, and phrases that present linguistic difficulty have been paraphrased in the margin. In cases where rephrasing would lead to further difficulty, an English equivalent has been provided.

A *l'écoute* texts-on-cassette are one or two minutes in length and are preceded by a cassette symbol (▮) and a written introduction to the text. The *Expressions utiles* provide synonymous expressions or definitions of difficult terms that students will encounter as they listen to the cassette. *Vrai ou aux* exercises help students check their understanding of each text. A cassette and accompanying tapescript are available to instructors so they may best decide how to present the text to their students. Institutions that adopt **Faisons le point!** are permitted to duplicate the cassette in student quantities for as long as the text is in use and provided that books are ordered through the publisher.

A wealth of post-reading activities check student comprehension of each reading selection and progress to open-ended suggestions for discussion and composition. As the section titles indicate, *Faites le bon choix, Antonymes, Synonymes* ask students to practice and assimilate important words and expressions presented in the pre-reading sections, the *Expressions Utiles,* and marginal paraphrased material. Instructors may use the *Questions sur la lecture* and *Vrai ou faux* as guides to topics. We suggest that instructors ask students to skim the questions before reading the text or listening to the cassette.

Students develop and gradually express their ideas individually, in groups, and on paper in the *Sujets de discussion, Communication pratique, Sujets de débat,* and *Sujets de composition.* Questions are designed to elicit students' reactions and to engage them in conversation, debate, and composition. In smaller groups, students are encouraged to expand upon discussion questions. They are able to interact with classmates to discuss their opinions and to improve their oral and critical thinking skills without the intimidation of a large group. In every chapter, students are asked to formulate a viewpoint that they must defend. Suggested topics for further exploration can be used for either written or oral compositions.

ACKNOWLEDGMENTS

We are indebted to Sandrine Cortes for her insightful suggestions and recommendations and to Marie-France Cortes for the advice she offered in the choice of texts. Thanks are also extended to Raymonde Cox, Beverly Ferguson, and Mark Herron, our students who reviewed the various stages of our work. We would like to recognize Carole Waller for her support and administrative help.

We gratefully acknowledge the many instructors and colleagues who participated in pre-publication reviews of **Faisons le point!**

Rosalie M. Cheatham	University of Arkansas
Bruce Edmunds	University of Alabama
Raymond Eichmann	University of Arkansas
Charles W. Gidney	Coastal Carolina University
Scot Heisdorffer	University of Tennessee
Charlotte C. Kleis	Temple University
Jeanette R. Kraemer	Marquette University
Michael Picone	University of Alabama
Christopher Pinet	Montana State University
Michael Schwartz	East Carolina University
Ronald W. Tobin	University of California, Santa Barbara
Michael J. Toconita	St. Joseph's University
Thomas E. Vesce	Mercy College
Richard Williamson	Bates College

Finally, we would like to thank the members of the Prentice Hall staff who supported us throughout the writing, development, and production of **Faisons le point!**: Ximena de la Piedra for the subtle interior design and colorful cover, Maria Piper for her chapter opening art production and maps, Mary Taucher for her meticulous copyediting, and María F. García, our editor, who contributed support, suggestions, and a gentle voice to us throughout the project.

Visa pour la France

Comment décrire les Français? Certes, le cliché de Monsieur Dupont, coiffé d'un béret et tenant dans ses mains un camembert et une bouteille de vin rouge suffit à évoquer une certaine image de la France. Mais correspond-il à la réalité? Sont-ils vraiment des individus râleurs, arrogants et malhonnêtes comme le prétendent les étrangers? Qui sont-ils? Quelles sont leurs valeurs?

Les textes suivants vous permettront peut-être de mieux les comprendre.

VOCABULAIRE THÉMATIQUE: SERVEZ-VOUS

QUALITÉS ET DÉFAUTS

être convivial(e)	to be friendly
être patriote	to be patriotic
être honnête	to be honest
être cultivé(e)	to be cultivated, cultured
être de mauvaise foi	to be insincere, dishonest
être passionné(e) de	to have a passion for
être débrouillard	to be resourceful
être fier (fière) (la fierté)	to be proud (pride)
avoir du (bon, mauvais) goût	to have (good, bad) taste
avoir l'air (intelligent...)	to seem, look (intelligent . . .)

COMPORTEMENT

le tempérament	temperament
l'humeur (f.)	mood
le bien-être	well-being
avoir un complexe de supériorité (d'infériorité)	to have a superiority (inferiority) complex
s'indigner	to become indignant
bien se tenir	to behave oneself
se mettre en colère	to get mad
se flatter de	to boast about (to be proud of) something
garder son calme	to keep calm

TEXTE 1 Portrait d'un Français

AVANT DE LIRE

A. **Comment imaginez-vous les Français?** Choisissez les adjectifs qui vous semblent correspondre le mieux aux Français.

1. ☐ tristes
   ☐ joyeux
   ☐ passionnés

2. ☐ fiers
   ☐ orgueilleux
   ☐ modestes

3. ☐ raffinés
   ☐ grossiers
   ☐ élégants

4. ☐ honnêtes
   ☐ malhonnêtes
   ☐ débrouillards

5. ☐ disciplinés
   ☐ obéissants
   ☐ indisciplinés

6. ☐ méfiants
   ☐ ouverts
   ☐ naïfs

7. ☐ ignorants
   ☐ cultivés
   ☐ intelligents

B. La Famille des mots. Recherchez les mots de la même famille (nom et adjectif).

Modèle: divertir: **un divertissement, divertissant**

1. bavarder (parler)
2. menacer
3. rêver
4. triompher
5. se passionner

C. Trouvez l'erreur. Corrigez les mots en caractères gras par l'une des expressions suivantes.

se méfier de   être passionné   droits

1. Les Français **adorent** les étrangers et se montrent distants à leur égard.
2. La France est le pays de la Révolution et des **devoirs** de l'homme.
3. Les Français **ne sont pas intéressés** par la politique.

D. L'Expression juste. Complétez les phrases ci-dessous en employant une des expressions pronominales en caractères gras.

se lasser de   se fatiguer de
se mêler à   se joindre à, s'associer à
se soustraire à   se libérer de, fuir, ignorer

1. Les Français, indisciplinés par nature, aiment _____ l'autorité.
2. Les Français ne _____ pas de défendre la culture de leur pays.
3. Le 14 juillet, ils _____ à la foule pour célébrer la fête nationale.

Portrait d'un français

Le Français, comment est-il? Les clichés abondent. *Certes,* complexe à définir, il est pourtant facile à reconnaître. Tenez, prenons un exemple. Suivons-le dans l'aéroport JFK de New York. Le vol d'Air France à destination de Paris est annoncé. Embarquement immédiat. Aussitôt, le voilà qui *se précipite* pour se mêler à la joyeuse *cohue agglutinée* autour de l'hôtesse de l'air; celle-ci impuissante à imposer l'ordre docilement observé par les autres passagers, essaie de garder son calme et sourit. Que voulez-vous? Notre Français a une sainte horreur de la discipline, *cauchemar* secret de son enfance scolaire. Partout où il le peut, il essaie de se soustraire à l'autorité. Le général de Gaulle[1] disait avec raison: «Comment voulez-vous gouverner dans un pays qui a 360 fromages?»

Individualiste, il sait reconnaître cependant le riche héritage historique et culturel que lui ont généreusement *légué* ses ancêtres et qui assure à son pays un prestige et *un rayonnement* uniques à travers le monde. La France, ne l'oublions pas, est le pays de la Révolution et des droits de l'homme. Cela lui confère une valeur universelle que tout Français *revendique* avec *fierté.* Ce n'est pas de sa faute si l'étranger *agacé* par cette apparente mégalomanie, lui attribue un complexe de supériorité.

Certainement

se dépêche / foule réunie

mauvais rêve

transmis / une influence

demande

orgueil / irrité

[1] Charles de Gaulle était chef de la résistance française et président de la France de 1958 à 1968.

L'Art de vivre

Il est vrai, que consciente de sa valeur, la France rêve de grandeur intellectuelle, artistique et

elle le peut — universelle. Notez bien, *elle en a les moyens.* Sa tradition de carrefour culturel pour tout

amoureux / pour cela — homme *épris* de littérature et de peinture, n'exclut pas *pour autant,* sa modernité. Le Concorde et le TGV, pour ne citer que ces exemples, suffiraient à convaincre les sceptiques.

se soucie de — Il est donc naturel que le Français veuille participer à ce rêve et *s'emploie à* faire triompher le

de tous les jours — goût et l'intelligence dans sa vie *quotidienne.* L'art de vivre, le plaisir du mieux vivre sont une quête permanente dont il ne se lasse pas et qui lui procure une certaine qualité de vie.

caractéristique de — L'harmonie, l'élégance, le raffinement sont ses critères de prédilection. Convivial, *comme il sied*

avec plaisir — *à un latin,* il aime *volontiers* partager le plaisir de la table et goûter aux joies de l'esprit et du

sans se fatiguer — corps. Cérébral, rien ne lui plaît autant que de bavarder *inlassablement* de tout et de rien au

l'amuse — café ou au restaurant. La politique *le divertit* et revient souvent au centre de ses débats passionnés. Son esprit critique s'anime avec véhémence pour défendre ses libertés et ses privilèges (cinq semaines de congés payés, la sécurité sociale...) dès qu'il les croit menacés. Vis-à-

même suspicieux — vis de l'étranger, il se montre plus distant, *voire méfiant,* surtout en ces temps de crise. Il tient

profondément — à préserver la culture et les traditions de ce cher pays auquel il est *viscéralement* attaché et que pour rien au monde, il ne quitterait. Car, se demande-t-il, où pourrait-il retrouver cette douceur de vivre? Pourquoi renoncerait-il à la séduction d'un style de vie que tant d'autres cherchent à imiter? Après tout, il n'a peut-être pas tort, notre Français, non?

Josette Penso

FAISONS LE POINT!

A. Faites le bon choix. Choisissez l'expression qui convient le mieux dans les phrases suivantes. Faites les changements nécessaires.

| revendiquer | fierté | divertir |
| méfiant | raffinement | |

1. La politique est un sujet qui _____ agréablement les Français.
2. La _____ est un sentiment national en France.
3. Les Français _____ le droit au bonheur.
4. Le _____ est une qualité recherchée par les Français.
5. Soucieux de garder leur indépendance, les Français se montrent _____ à l'égard de toute autorité.

B. Synonymes. Faites correspondre l'expression équivalente de la colonne de gauche avec celle de droite.

1. volontiers   a. parler
2. agacé   b. irrité
3. bavarder   c. amical
4. convivial   d. heureux
5. joyeux   e. avec plaisir

C. Questions sur la lecture. Répondez aux questions suivantes en donnant une justification.

1. Est-ce que le Français est facile à définir?
2. Pourquoi le reconnaît-on facilement dans un aéroport?
3. Aime-t-il l'autorité?
4. Pourquoi est-il difficile de gouverner la France?
5. La France a-t-elle du prestige dans le monde?
6. Le Français a-t-il un complexe de supériorité?
7. Quelles réussites technologiques sont mentionnées?
8. Que recherche le Français dans son existence?
9. Quels sont ses critères de sélection dans la vie? Sont-ils les vôtres?
10. Le Français aime-t-il la politique?

D. Sujets de discussion. Répondez aux questions suivantes en donnant une justification.

1. Quelles sont les caractéristiques du Français?
2. Qu'est-ce que la culture?
3. Pourquoi la France est-elle un carrefour culturel?
4. Aimez-vous parler de politique?
5. La discipline est-elle nécessaire? Êtes-vous discipliné(e)?
6. Les Américains (les Canadiens) sont-ils attachés à la qualité de la vie?
7. Êtes-vous convivial(e)?
8. Êtes-vous attaché(e) à votre pays? Pour quelles raisons?
9. Quelle est l'attitude des Français à l'égard des étrangers? Et la vôtre?
10. Peut-on parler de «douceur de vivre» aux États-Unis? au Canada?

E. Communication pratique. Mettez-vous par petits groupes et dites ce que vous pensez au sujet des questions suivantes. Puis faites-en le compte-rendu à la classe.

1. Comparez les Français aux Américains ou aux Canadiens. Quels sont les stéréotypes qui les représentent?
2. Superman est-il représentatif des Américains? Pourquoi?

F. Sujets de débats. Formez des groupes de quatre personnes pour débattre les questions suivantes. Dans chaque débat deux personnes répondront négativement et deux personnes répondront affirmativement.

1. La politique est un sujet passionnant.
2. Les Français ont un complexe de supériorité.

G. Sujets de composition.

1. Quelle image avez-vous des Français et de la France?
2. Quelle est votre conception de l'art de vivre?

TEXTE 2 L'État moral de la France

AVANT DE LIRE

A. Qu'est-ce que la morale? Quels sont les éléments qui caractérisent une attitude morale dans la liste suivante?

solidarité	respect	justice	xénophobie
égoïsme	honnêteté	indifférence	individualisme
générosité	lâcheté	tolérance	courage
racisme			

B. La Morale et les Français. Lisez le sondage ci-dessous et répondez aux questions suivantes.

1. Quelles sont les valeurs les plus importantes pour vous?
2. Selon vous, quelles sont les valeurs secondaires?

La Morale et les Français

Les dix valeurs qui comptent le plus...		...et celles qui ne sont plus fondamentales	
Aujourd'hui quelles sont les valeurs qui comptent le plus pour vous, celles que vous estimez les plus fondamentales et que vous souhaitez le plus transmettre à vos enfants?		Quelles sont les valeurs dont vous pensez qu'elles ne devraient plus aujourd'hui être considérées comme fondamentales?	
1. L'honnêteté	43 %	1. L'attachement à la patrie	33 %
2. La tolérance, le respect des autres	40 %	2. La recherche spirituelle, la foi	30 %
3. Le goût de l'effort et du travail	38 %	3. L'autorité, le sens du commandement	28 %
4. La politesse, les bonnes manières	38 %	4. Le respect de la tradition	16 %
5. Le sens de la famille	28 %	5. La réussite sociale, l'esprit de compétition	11 %
6. Le respect de l'environnement et de la nature	25 %	6. Le sens de la justice	8 %
7. La générosité	23 %	7. Le civisme, le respect du bien commun	7 %
8. La réussite sociale, l'esprit de la compétition	22 %	8. Le respect de la propriété	6 %
9. Le courage	20 %	9. L'obéissance	6 %
10. La fidélité, la loyauté	20 %	10. La patience, la persévérance	6 %

C. La Famille des mots. Donnez l'infinitif des noms suivants et employez-le dans une phrase.

1. la montée
2. la réussite
3. la survie
4. le vainqueur (celui qui gagne)

D. L'Expression juste. Remplacez les expressions en caractères gras par l'un des synonymes suivants.

compter   nuire   exiger   bafoué

1. Il ne faut pas **faire de mal** aux autres.
2. La paresse ne **demande** aucun effort particulier.
3. Dans certains pays les droits de l'homme sont **ignorés**.
4. Quelles sont les valeurs qui **ont de l'importance** aux yeux des Américains et des Canadiens?

E. Définissez. Quel mot correspond aux définitions suivantes?

1. indépendant
2. un être humain
3. qui concerne une seule personne
4. une forme d'égoïsme

a. un individu
b. individuel
c. l'individualisme
d. individualiste

L'État moral de la France

«Liberté, Egalité, Fraternité», telle était la *devise* républicaine des Français. Où en sommes-nous aujourd'hui? Quelles sont les valeurs qui comptent aux yeux des Français?   *slogan*

A *en croire* un récent sondage, la valeur la plus estimée serait la liberté élue par 65 %   *Selon* des sondés contre 21 % pour l'égalité et 12 % pour la fraternité... La solidarité (19 %) et
5 le sens de la justice (8 %) sont jugés moins importants que les bonnes manières et la politesse (38 %): Il vaut mieux bien se tenir. C'est le droit de vivre pour soi-même qui reste le grand vainqueur.

Valeurs *en baisse*, déclin moral?   *en déclin*

Parmi les valeurs en baisse, citons encore, le respect de la tradition (7 %) le sens du devoir (11 %) et l'autorité (4 %). Les Français veulent le respect des valeurs, sans l'obligation. Les
10 idéaux de la vie collective ont également changé. Vivre pour *la patrie* n'est plus une priorité   *la nation* morale. On aime bien la France, mais le sens patriotique ne fait plus vibrer le peuple (4 %).

Faut-il *sombrer* dans le catastrophisme du déclin moral? Pas tout à fait: en effet, la vertu   *tomber* numéro un est l'honnêteté. Quarante-trois pour-cent des Français reconnaissent la néces-sité d'une valeur qui assure la sécurité individuelle et collective, même si elle est souvent
15 *bafoué*e comme l'attestent les scandales politico-financiers. Après l'honnêteté vient la   *ignorée*

recommande

tolérance (40 %). Elle *préconise* le respect des autres, en matière d'opinions politiques, de sexualité et de religion. Mais en considérant la montée de la xénophobie, elle demeure plutôt fragile, *faute de* combativité. En fait, elle est plus une sorte d'indifférence à l'autre. Chacun peut faire ce qui lui plaît aussi longtemps qu'il ne nous nuit pas.

par manque de

A la recherche du bonheur

Le respect de l'environnement (25 %) est une autre valeur de notre ère postmoraliste. La protection de la nature est moins un devoir qu'une condition de survie et de qualité de vie de chaque individu: droit à une alimentation saine, à un air pur, à un environnement esthétique qui permet de mieux vivre. Mais la vie quotidienne n'exige aucun sacrifice. Le problème est de mieux consommer ou de choisir des *éco-produits*. 20

produits écologiques

Enfin, la troisième valeur qui compte pour les Français est le travail (38 %). L'allergie au travail *est passée de mode*. Le travail apparaît de plus en plus comme l'occasion *d'entreprendre* quelque chose d'intéressant dans la vie. On cherche donc à *concilier* réussite professionnelle et accomplissement personnel, effort et mieux-être. 25

n'est plus à la mode

essayer de faire / allier

Les rideaux individualistes de bonheur, de bien-être et d'autonomie ont remplacé ceux des devoirs publics. Les Français sont devenus des *citoyens* plus attachés à eux-mêmes qu'à l'amour des lois. 30

membres d'un pays

Adapté du Nouvel Observateur.

FAISONS LE POINT!

A. Faites le bon choix. Choisissez l'expression qui convient le mieux dans les phrases suivantes. Faites les changements nécessaires.

politesse	sombrer	exiger	compter aux yeux	nuire
patrie	montée	citoyen	concilier	

1. La _____ est un signe de bonne éducation.
2. La première valeur qui _____ des Français est la liberté.
3. Il ne faut pas _____ dans le pessimisme moral.
4. La _____ du chômage inquiète les Français.
5. Avoir un sens patriotique c'est être prêt à mourir pour sa _____.
6. Les scandales politico-financiers _____ à la crédibilité d'un gouvernement.
7. Il est difficile de _____ autorité et liberté.
8. La vie en société _____ des règles morales.
9. Un _____ a des droits mais aussi des devoirs.

B. Questions sur la lecture. Répondez aux questions suivantes en donnant une justification.

1. Quelle est la devise républicaine en France? Est-ce qu'elle est encore vraie aujourd'hui?
2. La solidarité est-elle jugée importante par les Français?
3. Quelles sont les valeurs en baisse?

4. Le sens de la patrie est-il une priorité morale aujourd'hui?
5. Quelle est la vertu numéro un? Pourquoi est-elle nécessaire?
6. Quelle est la deuxième valeur qui compte le plus aux yeux des Français?
7. Les Français sont-ils allergiques au travail?
8. Quels sont les idéaux des Français?

C. Sujets de discussion. Répondez aux questions suivantes en donnant une justification.

1. Qu'est-ce que la fraternité? Vivons-nous dans un monde fraternel?
2. Qu'est-ce que la politesse? Pourquoi est-elle nécessaire?
3. Êtes-vous attaché(e) à la tradition? Pour quelles raisons?
4. Êtes-vous patriote?
5. Pourquoi les Français choisissent-ils l'honnêteté en premier? Est-ce une valeur essentielle pour les Américains? les Canadiens?
6. Qu'est-ce que la tolérance? Êtes-vous tolérant(e)?
7. Comment expliquez-vous la montée de la xénophobie en France?
8. Qu'est-ce que l'écologie? Est-elle une préoccupation importante aux États-Unis? au Canada?
9. Pourquoi le travail est-il une valeur importante?
10. Qu'est-ce qu'un bon citoyen? Est-ce que les Français sont de bons citoyens? les Américains? les Canadiens?

D. Communication pratique. Mettez-vous par petits groupes et dites ce que vous pensez au sujet des questions suivantes. Puis faites-en le compte-rendu à la classe.

1. Quelles sont les valeurs morales en hausse et en baisse aux États-Unis? au Canada?
2. Qu'est-ce que la morale? Faut-il enseigner la morale à l'école?

E. Sujets de débats. Formez des groupes de quatre personnes pour débattre les questions suivantes. Dans chaque débat deux personnes répondront négativement et deux personnes répondront affirmativement.

1. L'Amérique doit-elle être «le policier» du monde (ex: la guerre du Golfe, l'intervention en Somalie, le conflit en Bosnie)?
2. Êtes-vous prêt(e) à sacrifier votre vie pour votre pays?

F. Sujets de composition.

1. «La liberté s'arrête là où commence celle des autres». Que pensez-vous de cette citation de Lacordaire[1]?
2. L'homme peut-il vivre sans morale?

[1] un prêtre français (1802–1861)

TEXTE 3   A L'ÉCOUTE: **Une Querelle gratuite**

AVANT D'ÉCOUTER

A. Quand le Parisien se fâche. Lisez le titre et la première phrase. De quoi et de qui va-t-on parler dans ce texte? Dans la querelle que vous entendrez, qui vous paraît avoir tort: la marchande ou la cliente?

La mauvaise humeur de ses habitants est une des attractions de la capitale. Les restaurants ne servent plus ou pas encore, les marchands de journaux ne sont pas des bureaux de renseignements et les taxis rentrent au dépôt: il s'agit à tout prix d'éviter

se laissent aller que les Parisiens *s'adonnent à* la relaxation.

Dans le métro, l'étranger les sent rogues et crispés. Le Parisien dans le métro est en fait impassible, c'est un ascète.

Sa réputation est Il lui arrive parfois de s'emballer très vite. *Il y va de sa réputation.* Les disputes parisi-
en jeu ennes sont de cinq types principaux:

des conducteurs   1. la querelle *au volant*
avec les voisins   2. la querelle *de voisinage*
  3. la querelle au guichet de la poste
  4. la querelle d'architecture
ici: sans raison   5. et la querelle totalement *gratuite* qui est de loin la plus pratiquée.

B. La Colère. Lisez les expressions ci-dessous et utilisez-les pour répondre aux questions suivantes.

être fâché	être en colère
s'emballer, s'énerver	se mettre en colère
aller se faire voir	aller au diable
Ne me parlez pas sur ce ton	Parlez-moi plus poliment
crispé	nerveux, tendu
ennuyer	embêter, fatiguer
rogue	arrogant, méprisant

1. Que faites-vous lorsque vous êtes en colère?
2. Comment réagissez-vous à la mauvaise foi?
3. Racontez une querelle à laqualle vous avez assisté.

Une Querelle gratuite

En voici un exemple chez une marchande de journaux. Lisez d'abord les expressions utiles suivantes. Ensuite écoutez la bande sonore. Puis lisez l'exercice Vrai/Faux et après une deuxième écoute, faites-le.

Expressions utiles

le chevalier	un seigneur féodal *(a knight)*
les justes causes	les causes nobles

FAISONS LE POINT !

A. Vrai ou faux? Lisez les phrases suivantes et corrigez celles qui contiennent une erreur. Dans les phrases 1 à 6 référez-vous au texte, et 7 à 10 à la bande sonore.

1. Les Parisiens sont de bonne humeur.
2. Il est facile de trouver un taxi libre à Paris.
3. On peut s'adresser à une marchande de journaux pour demander son chemin lorsque l'on se perd dans Paris.
4. Les Parisiens n'ont pas l'air heureux dans le métro.
5. Ils sont fiers de leur endurance.
6. La querelle au volant est la querelle la plus pratiquée.
7. La cliente voulait acheter «l'Express».
8. Elle est étonnée qu'on n'ait pas encore reçu le magazine.
9. La cliente s'énerve.
10. Après la dispute, la marchande dit à un autre client que les gens sont toujours polis.
11. On juge la marchande impolie.

B. Faites le bon choix. Choisissez l'expression qui convient le mieux dans les phrases suivantes. Faites les changements nécessaires.

voisinage   s'énerver   guichet   en colère   ennuyer

1. Il est agréable et utile d'avoir de bonnes relations avec son _____.
2. Il faut avoir beaucoup de patience pour ne jamais _____.
3. Je préfère éviter les querelles car elles me _____.
4. L'employé de la poste travaille derrière un _____.
5. Il est très agressif; un rien le met _____.

C. Synonymes. Faites correspondre l'expression équivalente de la colonne de gauche avec celle de droite.

1. querelle	a. s'énerver
2. être de mauvaise foi	b. être fâché
3. être en colère	c. nerveux
4. crispé	d. être malhonnête
5. s'emballer	e. dispute

D. Sujets de discussion. Répondez aux questions suivantes en donnant une justification.

1. Comment expliquez-vous la tension, le stress des Parisiens?
2. Pensez-vous que le métro soit le lieu idéal pour se relaxer? Pourquoi?
3. Que pensez-vous de ce moyen de transport? Pourquoi est-il utile dans les grandes villes?
4. Pourquoi y a-t-il des querelles au volant?
5. Comment expliquez-vous les querelles de voisinage? Avez-vous de bons rapports avec vos voisins?
6. Est-ce que les commerçants sont aimables dans votre quartier? Pourquoi?
7. Comment réagissez-vous dans un conflit avec un supérieur? avec un commerçant? avec un ami? avec vos parents?
8. Avez-vous rencontré des Parisiens? Ressemblent-ils au portrait qu'en fait Alain Schiffrès?
9. Que pensez-vous des New Yorkais? Ressemblent-ils aux Parisiens? Que pensez-vous de ces stéréotypes?
10. Pourquoi les gens sont-ils plus nerveux dans les grandes villes qu' à la campagne?

E. Communication pratique. Mettez-vous par petits groupes et dites ce que vous pensez au sujet des questions suivantes. Puis faites-en le compte-rendu à la classe.

1. Les Américains/Les Canadiens sont-ils plus patients et disciplinés que les Français?
2. Le client est roi. Est-ce que cette notion est vraie en France? et dans votre pays?

F. Sujets de débats. Formez des groupes de quatre personnes pour débattre les questions suivantes. Dans chaque débat deux personnes répondront négativement et deux personnes répondront affirmativement.

1. Les querelles sont inévitables en société.
2. Les Américains sont plus querelleurs que les Français: par exemple, ils n'hésitent pas à poursuivre quelqu'un en justice *(to sue someone)*.

G. Sujets de composition.

1. Êtes-vous pacifiste? Que pensez-vous du proverbe: «Si tu veux la paix, prépare la guerre»?
2. Pourquoi les hommes font-ils la guerre?

Au Pays de la gastronomie

La France est le pays du bon vivre et du bien manger. Il suffit d'évoquer les vins français, les fromages et le foie gras pour saliver. Comme le dit Bocuse, un chef français, «un repas est une fête du corps et de l'esprit».

Malheureusement, la tradition culinaire est menacée par l'invasion des cuisines étrangères et la vie moderne.

Les textes suivants nous permettent d'étudier la nature de ces problèmes.

VOCABULAIRE THÉMATIQUE: SERVEZ-VOUS

LE MONDE DE LA CUISINE

la recette culinaire, la mode culinaire, la tradition culinaire	*culinary recipe, style, tradition*
couper	*to cut*
cuire	*to cook*
mijoter	*to simmer*
le robot ménager	*food processor*

A MANGER ET A BOIRE

le petit vin de terroir	*regional wine*
le grand cru	*vintage wine*
le plat mijoté en sauce	*dish simmered in sauce*
la cuisine exotique	*exotic (ethnic) food*

L'APPÉTIT VIENT EN MANGEANT

savourer	*to savor*
déguster	*to savor, to taste*
bouffer	*to eat, gobble up*
avaler	*to swallow*
mâcher	*to chew*
manger à satiété	*to eat one's fill*
être gastronome	*to be a gourmet*

MANGER POUR VIVRE OU VIVRE POUR MANGER?

grossir	*to gain weight*
maigrir	*to lose weight*
suivre un régime	*to go on a diet*
la restauration rapide	*fast food*
le régime végétarien	*vegetarian diet*
la fête	*feast, celebration*

TEXTE 1   Bon Appétit!

AVANT DE LIRE

A. Parlons cuisine! Choisissez la réponse qui convient.

1. Quand dit-on «Bon appétit» à quelqu'un en France?
a. au début du repas
b. au milieu du repas
c. à la fin du repas

2. Que faut-il faire pour faire de la bonne cuisine?
   a. faire des recettes très compliquées
   b. aller au marché et acheter des produits de qualité
   c. avoir des robots ménagers

3. Que faut-il acheter pour faire de la bonne cuisine?
   a. des produits coûteux
   b. des produits frais de qualité
   c. des produits hors-saison

B. Trouvez l'erreur. Éliminez le mot qui n'a aucun rapport avec les autres.

1. cuire	cuisson	cuit	fête
2. cuisiner	cuisine	convive	cuisinier
3. mode	fraîcheur	légumes	marché
4. recette	four	carte	plat

C. La Famille des mots. A partir des verbes suivants recherchez l'adjectif et le nom.

1. réjouir
2. savourer
3. tenter
4. coûter

Bon Appétit!

Mon métier me fait penser à une *représentation théâtrale* pour laquelle le rideau se lèverait   pièce de théâtre
deux fois par jour. Je dis aussi que mon restaurant est un *voilier* qui doit sortir en mer midi et   yacht
soir. Les passagers en sont mes hôtes qui doivent *s'y sentir à l'aise;* je suis responsable de leur   se sentir bien
bien-être, le temps qu'ils sont chez moi. Mais ce rythme et ces obligations sont aussi les vôtres,
5 vous qui cuisinez simplement pour votre famille ou vos amis, et il n'est pas nécessaire d'avoir
une très grande carte, comme celle de mon restaurant, pour rendre les gens heureux, ni de
préparer des plats coûteux, aux préparations longues et extraordinaires pour réussir un menu.

   C'est pourquoi je vous propose ici un choix de treize menus pour la table familiale: des
recettes très simples. Pour une cuisine vraie et simple. Ce sont souvent des plats mijotés

en sauce. Une cuisine traditionnelle mariée à quelques recettes de plus grande cuisine, pour　10
les jours de fête, choisies parmi les recettes les plus célèbres de mon restaurant...

Si j'ai appelé mon premier livre *La Cuisine du Marché,* c'est que je considère que la qua-
selon　lité des produits est la première condition pour faire une bonne cuisine. Tout cuisinier ou
cuisinière doit préparer de préférence les produits de sa région *suivant* les saisons. Mais il
voir immédiatement　faut aussi savoir acheter, *reconnaître à l'œil* la qualité d'une viande, la fraîcheur d'un poisson　15
ou savoir à quelle période de l'année tel fruit aura le plus de goût. N'oubliez pas de ter-
miner votre marché par quelques fleurs, même très simples, pour décorer la table et lui
aspect gai　donner un *air de fête.*

Passons à table

A Lyon, pas de repas sans vin. Il n'est pas nécessaire que ce soit un grand cru, les petits vins　20
vont avec　de terroir qui *conviennent* parfaitement à la cuisine familiale vous offrent souvent un très
bon rapport qualité/prix.

Votre marché est fait; maintenant vous voici à la cuisine pour préparer le repas: très souvent se pose la question du matériel à employer. Je dirai que si vous avez des robots
ménagers, cela peut-être utile mais il n'est pas nécessaire d'avoir les derniers gadgets à la　25
mode pour faire de la bonne cuisine. Par exemple, je coupe toujours les légumes au
couteau. Ils sont tout aussi savoureux, même s'ils ne sont pas coupés aussi fin qu'avec un
appareil électrique.

Le plat est cuit. Il ne reste plus qu'à servir. Quoi de plus réjouissant que ce grand plat
avec　dans lequel la viande est servie *entourée* de tous ces légumes, de plus tentant que cette　30
pot / se sert　grande *jatte* de crème dans laquelle chacun *puise* selon son appétit ou sa gourmandise.
levez /couvre-plat　Alors, n'hésitez pas à faire passer le plat directement du four sur la table, *soulevez le cou-*
invités　*vercle* au milieu des *convives:* ça sent si bon. Il ne vous reste qu'à déguster cette cuisine qui
donne chaud au cœur. Bon appétit!

Adapté de l'introduction au livre de cuisine, A la Carte,
par Paul Bocuse, un grand chef français.

FAISONS LE POINT!

A. Faites le bon choix. Choisissez l'expression qui convient le mieux dans les phrases suivantes. Faites les changements nécessaires.

fraîcheur　couvercle　　　se sentir à l'aise
convenir　un air de fête

1. Un invité _____ lorsque ses hôtes sont chaleureux.
2. Le frigidaire permet de conserver la _____ des
produits plus longtemps.
3. Les fleurs créent _____ dans une maison.
4. Le _____ d'un récipient empêche l'eau de s'évaporer.
5. Je ne suis pas difficile; les repas simples me _____ tout à fait.

B. **Synonymes.** Faites correspondre l'expression équivalente de la colonne de gauche avec celle de droite.

1.	suivant	a.	appareil électrique
2.	robot	b.	savourer
3.	déguster	c.	invité
4.	convive	d.	cher
5.	coûteux	e.	selon

C. **Vrai ou faux?** Lisez les phrases suivantes et corrigez celles qui contiennent une erreur.

1. Bocuse est un homme de théâtre.
2. Bocuse compare la cuisine à une pièce de théâtre.
3. Il faut beaucoup d'argent pour réussir un menu.
4. Bocuse propose des recettes compliquées dans son livre.
5. La qualité des produits n'est pas importante pour bien cuisiner.
6. Il faut acheter les produits locaux selon les saisons.
7. Un repas sans vin est triste.
8. Il faut avoir des robots ménagers pour bien faire la cuisine.
9. La viande doit être servie sans légumes.
10. Les convives sont heureux de déguster une bonne cuisine.

D. **Sujets de discussion.** Répondez aux questions suivantes en donnant une justification.

1. Aimez-vous faire la cuisine?
2. Achetez-vous des livres de cuisine?
3. Quelles sont les conditions nécessaires pour faire de la bonne cuisine selon Bocuse?
4. Selon vous, les gadgets sont-ils indispensables pour faire de la bonne cuisine?
5. Pourquoi Bocuse compare-t-il ses repas à une pièce de théâtre? Qu'en pensez-vous?
6. Aimez-vous passer des heures à préparer un bon repas?
7. Peut-on faire un bon repas sans boire de vin?
8. Où faites-vous vos achats culinaires? Selon quels critères?
9. Avez-vous un petit ou un gros appétit?
10. Pourquoi y a-t-il des habitudes alimentaires différentes selon les endroits *(places)* ou les époques *(ages, eras)*?

E. **Communication pratique.** Mettez-vous par petits groupes et dites ce que vous pensez au sujet des questions suivantes. Puis faites-en le compte-rendu à la classe.

1. Faut-il dépenser beaucoup de temps et beaucoup d'argent pour faire la cuisine? Justifiez.
2. Aimez-vous recevoir à dîner? Pourquoi?

F. **Sujets de débats.** Formez des groupes de quatre personnes pour débattre les questions suivantes. Dans chaque débat deux personnes répondront négativement et deux personnes répondront affirmativement.

1. Les Américains (les Canadiens) ne sont pas des gastronomes.
2. La cuisine française est la meilleure au monde.

G. Sujets de composition.

1. Bocuse pense que manger est une fête du corps et de l'esprit. Qu'en pensez-vous?
2. Donner la recette d'un de vos plats favoris.

TEXTE 2　La France se fait bouffer

AVANT DE LIRE

> «Bouffer» est une expression familière qui signifie «manger» au sens propre. «Se faire bouffer» au sens figuré veut dire se laisser envahir ou dominer. Il s'agit donc ici d'un jeu de mots sur le danger qui menace aujourd'hui l'avenir de la cuisine française exposée à la concurrence étrangère.

A. Qu'en pensez-vous? Choisissez la réponse qui vous semble appropriée.

1. Pour quelle raison la France se fait-elle bouffer?
   a. parce que les Français découvrent d'autres cuisines
   b. parce que la cuisine française n'existe plus

2. La cuisine exotique correspond-elle à
   a. une mode?
   b. un rejet de la cuisine traditionnelle?

3. Pour quelle raison allez-vous au restaurant?
   a. pour le plaisir de sortir avec des amis
   b. pour dépenser de l'argent

B. Synonymes. Faites correspondre l'expression équivalente de la colonne de gauche avec celle de droite.

1. saveur	a. gastronomie
2. endroit	b. coin
3. mœurs	c. goût
4. l'art culinaire	d. habitudes

C. Le savez-vous? Quels sont les habitants des pays suivants et que parlent-ils?

Modèle:　la France: **la France / les Français, les Françaises / le français**

1. la Suède
2. le Népal
3. la Chine
4. l'Italie
5. l'île de Ceylan
6. l'Argentine
7. la Thaïlande

D. Qui mange quoi? Quel est le pays d'origine des plats suivants? Les avez-vous goûtés? Décrivez-les.

1. la pizza
2. les nems *(egg rolls)*
3. le pot au feu
4. la soupe des îles
5. le cassoulet (haricots et saucisses)
6. le choux farci
7. les tacos
8. la paella

    a. France
    b. Mexique
    c. Asie (Chine, Thaïlande, Vietnam)
    d. Italie
    e. Espagne

La France se fait bouffer

Partie de Paris, la vague des restaurants exotiques *déferle* sur toute la France. 8.500 restaurants de spécialités *étrangères*. *Un coup porté* à notre tradition culinaire. Les clients de *L'Hexagone* peuvent choisir entre plus de trente gastronomies différentes. Au détriment de la cuisine traditionnelle.

5 —«Dis papa, c'est quoi un pot au feu?»

—«Mange tes nems, et tais-toi.»

    Nous n'en sommes pas encore là mais il faut reconnaître que nos restaurants et nos congélateurs s'ouvrent de plus en plus à l'exotisme. Pas un coin de France n'échappe à ce phénomène. Pour 100.000 restaurants déclarés en France, 8.500 proposent des «spécia-
10 lités étrangères» qui vont de la pizza à la mystérieuse soupe des îles aux saveurs des tropiques. On avale sa soupe en même temps que les frontières, les cultures, les goûts et les couleurs. La cuisine exotique est devenue une mode.

    Il est vrai que n'importe qui peut ouvrir un restaurant puisque les autorisations ne sont conditionnées que par le respect des normes d'hygiène.

15   En ce temps de crise le restaurateur doit s'adapter au client. *Désormais* pour réussir il doit respecter trois impératifs: le temps, l'argent et le plaisir. Le client n'a plus le temps de *s'éterniser* au restaurant et il doit *surveiller* son budget mais il exige aussi la qualité. Les restaurateurs exotiques l'ont bien compris. Ils savent s'adapter aux nouvelles modes et contraintes de la vie quotidienne. Comme l'écrit un journaliste américain du
20 *Washington Post,* Peter Mikelbank: «Un bistrot parisien qui tourne à son rythme *habituel* peut ne servir qu'une douzaine de clients par heure. Un seul McDonald's, de taille comparable, au même endroit, peut servir jusqu'à mille personnes en une petite heure.»

    La population s'est totalement ouverte aux cuisines étrangères. A Paris on trouve tout, du suédois au népalais en passant par l'argentin, le sri-lankais et le thaïlandais. L'avantage
25 avec les Français c'est qu'ils sont curieux et deviennent vite des connaisseurs. M. To Sum Kan explique: «Au début, j'ai un peu 'européanisé' mes plats en utilisant des épices moins *fortes*. Mais curieusement, mes clients se sont habitués à ces parfums d'Asie et, aujourd'hui, ce sont eux qui me demandent d'*augmenter* les doses».

envahit

exotiques / une menace / la France

A présent

rester longtemps / contrôler

normal

épicées, piquantes

élever

ici: en mangeant

Il est bien loin le temps du cassoulet et du choux farci. Les Français ont besoin de rêves, alors ils rêvent au quotidien, *le nez dans leur assiette.* L'illusion du voyage. Les cuisines ethniques entrent tranquillement dans les mœurs.   30

Adapté du Figaro-Magazine.

FAISONS LE POINT!

A. Faites le bon choix. Choisissez l'expression qui convient le mieux dans les phrases suivantes. Faites les changements nécessaires.

surveiller   bouffer   mode
étranger   restaurateur

1. Aujourd'hui la _____ culinaire à Paris c'est de manger exotique.
2. Les spécialités _____ donnent l'illusion du voyage.
3. Les Français _____ leur budget alimentaire; ils ne peuvent plus dépenser trop d'argent au restaurant.
4. Un _____ doit offrir la qualité à ses clients.
5. Un gastronome ne _____ pas, il savoure.

B. Antonymes. Faites correspondre le contraire des mots de la colonne de gauche avec celle de droite.

1. fort   a. de moins en moins
2. avaler   b. diminuer
3. augmenter   c. doux
4. de plus en plus   d. inhabituel
5. habituel   e. déguster

C. Vrai ou faux? Lisez les phrases suivantes et corrigez celles qui contiennent une erreur.

1. Les Français ne connaissent que la cuisine traditionnelle.
2. La pizza est un plat typiquement français.
3. La cuisine exotique est une invitation au voyage.
4. Il est difficile d'ouvrir un restaurant en France.
5. Le client français ne se soucie pas du prix qu'il paie dans un restaurant.
6. Un bistrot français peut recevoir autant de clients qu'un McDonald's.
7. Les Français sont hostiles à la cuisine étrangère.
8. Les Français n'aiment pas manger des plats épicés.
9. Le cassoulet est à la mode.
10. Les Français rêvent en mangeant des spécialités étrangères.

D. Sujets de discussion. Répondez aux questions suivantes en donnant une justification.

1. Quelle est la mode culinaire en France? Comment s'explique-t-elle?
2. Observe-t-on le même phénomène aux États-Unis? au Canada?
3. Aimez-vous aller au restaurant? Pour quelles raisons?
4. Aimez-vous la cuisine exotique?

5. Quelles devraient être les conditions requises (*required*) pour ouvrir un restaurant?
6. Quelle différence y a-t-il entre un bistrot français et un McDonald's? Lequel préférez-vous?
7. Êtes-vous attaché à la tradition culinaire de votre pays?

E. Communication pratique. Mettez-vous par petits groupes et dites ce que vous pensez au sujet des questions suivantes. Puis faites-en le compte-rendu à la classe.

1. Est-il préférable de manger au restaurant ou chez soi?
2. Pourquoi la restauration rapide comme McDonald's connaît-elle un énorme succès dans le monde?

F. Sujets de débats. Formez des groupes de quatre personnes pour débattre les questions suivantes. Dans chaque débat deux personnes répondront négativement et deux personnes répondront affirmativement.

1. Les Américains (Canadiens) mangent trop et mal.
2. La cuisine traditionnelle est plus saine que la cuisine moderne.

G. Sujets de composition.

1. Analysez les avantages et les inconvénients de la restauration rapide.
2. La cuisine exotique est un phénomène de société.

TEXTE 3   **A L'ÉCOUTE: Les Vertus des fibres**

AVANT D'ÉCOUTER

A. Qu'en pensez-vous? Choisissez la réponse qui vous semblent appropriée.

1. Être en forme veut dire
   a. être en bonne santé.
   b. être en mauvaise santé.
   c. être malheureux.

2. Qu'est-ce qu'un nutritionniste?
   a. un spécialiste du cancer
   b. un médecin qui soigne les troubles de la digestion
   c. un médecin qui soigne les maladies du cœur

3. Quels aliments contiennent des fibres?
   a. les légumes et le pain *complet*   *whole grain*
   b. le chocolat
   c. la viande

4. Aujourd'hui nous mangeons
   a. trop de fibres.
   b. plus de fibres que nos ancêtres.
   c. pas assez de fibres.

5. Lorsque l'on mange des fibres
    a. on prend du poids (on grossit).
    b. on a mal aux dents.
    c. on réduit le risque des maladies cardio-vasculaires.

B. Antonymes. Faites correspondre le contraire des mots de la colonne de gauche avec celle de droite.

1. faible   a. grossir
2. maigrir   b. fort
3. élevé   c. augmenter
4. diminuer   d. santé
5. chute   e. bas
6. maladie   f. augmentation

C. Synonymes. Faites correspondre l'expression équivalente de la colonne de gauche avec celle de droite.

1. davantage   a. brusquement
2. comprendre   b. enfler
3. soudain   c. plus
4. se nourrir   d. se rendre compte
5. gonfler   e. manger

D. Les fibres. Faut-il manger des fibres pour être en forme? Faites correspondre les éléments qui conviennent.

1. Les fibres permettent   a. donc on évite les chutes de glycémie.
2. Les fibres diminuent   b. donc on a moins faim, on mange moins.
3. Les fibres produisent un effet de satiété   c. de limiter l'obésité et le diabète.
4. La digestion se fait plus lentement   d. peu de lipides.
5. Les fibres contiennent   e. le taux de cholestérol.

Les Vertus des fibres

Pendant des siècles

standard of living

Des siècles durant, nos ancêtres se sont nourris presque exclusivement de pain, de pommes de terre, de légumes et de fruits secs. Des fibres et encore des fibres! La viande... c'était pour les jours de fête. Mais aujourd'hui, le *niveau de vie* a augmenté et notre consommation de fibres a diminué de moitié.

Vous allez entendre l'interview d'un nutritionniste, le docteur Dr Françoise L'Hermite, qui explique les raisons pour lesquelles une alimentation riche en fibres réduit le risque de certaines maladies comme le diabète, les maladies cardio-vasculaires ou l'obésité. Lisez d'abord les expressions utiles suivantes. Ensuite écoutez la bande sonore. Puis lisez l'exercice Vrai ou Faux et après une deuxième écoute, faites-le.

Expressions utiles

les matières grasses	substance alimentaire riche en graisse (beurre, crème, huile, margarine)
l'alimentation	nourriture
à haute dose	en proportion élevée
les sucres rapides	sucre contenu dans le chocolat, les bonbons et les pâtisseries
mâcher	mastiquer, manger lentement (exemple: mâcher du chewing gum)

FAISONS LE POINT!

A. Vrai ou faux? Lisez les phrases suivantes et corrigez celles qui contiennent une erreur.

1. Nos ancêtres se sont nourris de viande durant des siècles.
2. Nous mangeons plus de fibres que nos ancêtres.
3. Les nutritionnistes s'intéressent aux fibres.
4. Les fibres augmentent le taux de cholestérol.
5. Les fibres produisent un effet de satiété.
6. Les fibres obligent à manger plus lentement.
7. Les fibres peuvent faire maigrir.
8. Les aliments riches en fibres contiennent beaucoup de lipides.
9. Les lipides sont des matières grasses.
10. Il faut manger de tout avec modération.

B. Faites le bon choix. Choisissez l'expression qui convient le mieux dans les phrases suivantes. Faites les changements nécessaires.

éviter   mâcher   niveau de vie   maigrir   diminuer

1. Pour _____ il faut consommer moins de calories.
2. Dans les sociétés industrielles le _____ est élevé.
3. Ce n'est pas esthétique de _____ du chewing gum.
4. Pour garder la ligne il faut _____ l'excès de graisse et de sucre.
5. Pour _____ le taux de cholestérol il est recommandé de manger des pommes et du poisson.

C. Trouvez l'erreur. Éliminez le mot qui n'a aucun rapport avec les autres.

1. ancêtre plante   fleur   jardin
2. pantalonjupe   chemise   dent
3. chaise   table   aliment   fauteuil
4. lettre   maladie   poste   télégramme

D. Sujets de discussion. Répondez aux questions suivantes en donnant une justification.

1. Mangez-vous des fibres? Pourquoi?
2. Est-ce qu'on mange assez de fibres aux États-Unis? et au Canada?
3. Pourquoi faut-il suivre un régime *(diet)* équilibré?
4. Pourquoi faut-il manger lentement?
5. Est-ce que les aliments que vous aimez beaucoup font grossir ou maigrir?
6. Comment peut-on lutter contre l'obésité et le diabète?

E. Communication pratique. Mettez-vous par petits groupes et dites ce que vous pensez au sujet des questions suivantes. Puis faites-en le compte-rendu à la classe.

1. Que faut-il faire pour améliorer la nutrition aux États-Unis? et au Canada?
2. Consultez la liste de la teneur en fibres *(fiber content)* à la page suivante et déterminez combien de grammes[1] de fibres vous mangez par jour. Mangez-vous la quantité moyenne conseillée?

F. Sujets de débats. Formez des groupes de quatre personnes pour débattre les questions suivantes. Dans chaque débat deux personnes répondront négativement et deux personnes répondront affirmativement.

1. Les Américains (les Canadiens) ne font pas attention à leur régime.
2. Pour être en bonne santé aujourd'hui il faut être végétarien.

G. Sujets de composition.

1. Croyez-vous que votre santé dépend essentiellement de votre alimentation?
2. Faut-il vivre pour manger ou manger pour vivre

[1] 100 g = approximativement 28 «ounces»

OÙ SONT LES FIBRES?

Teneur en fibres (poids net)		net weight
Légumes verts et crudités		
I assiette d'épinards	18,5 g	
I assiette de petits pois	10,5 g	
300 g de *poireaux*	9,3 g	leeks
I assiette de brocolis	8,0 g	
200 g de carottes	5,6 g	
I assiette *choux de Bruxelles*	5,6 g	Brussels sprouts
I assiette de chou blanc	5,4 g	
I assiette de *bettes*	5,3 g	beets
I artichaut	5,0 g	
3 pommes de terre moyennes (avec la *peau*)	3,8 g	skin
Légumes secs		
I assiette de haricots secs	7,6 g	
I assiette de *pois cassés*	6,9 g	split peas
I assiette de *pois chiche*	6,8 g	garbanzo beans
I assiette de lentilles	3,5 g	
Fruits		
50 g de figues sèches	9,1 g	
100 g de *framboises*	7,4 g	raspberries
100 g de *groseilles*	6,8 g	currants
100 g de *châtaignes*	6,8 g	chestnuts
150 g de rhubarbe	4,8 g	
50 g de dattes	4,3 g	
10 abricots secs	4,0 g	
40 g de *noisettes*	3,6 g	hazelnuts
I *tranche d'ananas* frais	3,6 g	slice / pineapple
I avocat	3,3 g	
40 g d'olives noires	3,2 g	
100 g de fraises	3,1 g	
I pomme (avec peau)	3,0 g	
150 g de *prunes*	3,0 g	plums
Céréales		
I petite boîte de maïs	8,5 g	
60 g de *müesli*	4,4 g	müeslix cereal
50 g de pain complet	4,2 g	
60 g de riz complet	2,0 g	
40 g de flocons *d'avoine*	2,8 g	rolled oats
60 g de *pâtes normales*	2,0 g	pasta (not whole grain)
50 g de baguette	1,3 g	
60 g de *riz poli*	1,3 g	white rice
Quantité moyenne conseillée par jour:	30 g	

3

La Santé et les Français

La santé demeure l'une des préoccupations majeures des Français. Ceux-ci sont très attachés au système de la Sécurité sociale qui assure le remboursement de leurs soins médicaux. Mais l'augmentation des dépenses de santé met en péril le système lui-même. Les textes qui suivent ont pour objet d'expliquer le système et d'analyser l'intérêt que les Français portent à leur santé.

VOCABULAIRE THÉMATIQUE: SERVEZ-VOUS

LA SANTÉ

être en bonne (mauvaise) santé	to be in good (bad) health
être bien (mal) portant	to be healthy (unhealthy)
se porter bien (mal)	to be well (unwell)
la maladie (être malade)	illness, disease (to be sick)
le fléau	plague
répandre	to spread, transmit
se guérir	to get better, to be cured
se droguer (être drogué[e])	to take drugs (to be on drugs)
suivre une cure de désintoxication	to be treated for (drugs, alcohol etc.), to dry out
le SIDA	AIDS
être séropositif(ive)	HIV positive

A L'HÔPITAL ET CHEZ LE DOCTEUR

la chirurgie	surgery
subir une opération médicale	to undergo an operation
l'analyse (f.) médicale	medical diagnostic test
recevoir des soins	to get treatment
suivre un traitement	to undergo treatment
la douleur	pain
aller chez le docteur	to go to the doctor
prescrire une ordonnance	to prescribe a prescription
la médecine naturelle	alternative medicine
prendre des médicaments	to take medicine, drugs

L' ASSURANCE MÉDICALE

l'assuré(e) (être assuré[e])	insured person, to be insured
la couverture médicale	medical coverage
les frais médicaux	medical expenses
être remboursé(e)	to be reimbursed
la mutuelle	mutual insurance company

TEXTE I   La Sécurité sociale en France

AVANT DE LIRE

health care system   **A. Qu'en pensez-vouz?** Le texte suivant vous explique comment la *sécurité sociale* fonctionne en France, ses avantages, et ses problèmes. Est-ce que tout le monde a droit à la sécurité sociale dans votre pays? Allez-vous chez le médecin lorsque vous êtes malade? Oui? Non? Pour quelle raison? Est-il dangereux de se soigner soi-même? Cela coûte-t-il plus cher?

B. Qui soigne quoi? Faites correspondre les éléments des deux colonnes.

1. Le cardiologue	a. fait passer des radios.
2. Le dermatologiste	b. accouche les femmes enceintes.
3. Le gynécologue	c. soigne les maladies du cœur.
4. L'ophtalmologiste	d. soigne les maladies du rein.
5. L'oto-rhino-laryngologiste	e. soigne le cancer.
6. Le radiologue	f. opère un patient.
7. L'urologue	g. soigne les maladies de la peau.
8. Le chirurgien	h. soigne les maladies de la gorge
9. Le cancérologue	et des oreilles.
	i. soigne les maladies des yeux.

C. La Famille des mots. Choisissez le mot qui convient le mieux dans les phrases suivantes. Faites les changements nécessaires.

médecine   médecin
médical   médicament

1. Quand on est malade on prend des _____ pour se guérir.
2. La Sécurité sociale permet aux Français de choisir leur propre

   _____ .
3. En France les Facultés de _____ doivent limiter le nombre d'admissions des étudiants.
4. Les dépenses _____ augmentent de plus en plus.

D. L'Expression juste. Remplacez les expressions en caractères gras par l'un des synonymes suivants. Faites les changements nécessaires.

frais   prescrire   soins   freiner

1. Les **dépenses** médicales sont énormes en France et c'est pourquoi on essaie de **ralentir** leur augmentation.
2. Les médecins **donnent-ils** trop de médicaments?
3. En France presque tous les **traitements** médicaux sont couverts par la Sécurité sociale.

E. La Famille des mots. Quel nom correspond aux infinitifs suivants?

1. guérir
2. soigner
3. prescrire
4. traiter
5. rembourser
6. ordonner

F. Le Savez-vous? A l'aide du vocabulaire ci-dessous, répondez aux questions suivantes.

l'analyse *(f.)*	un test médical diagnostique
la cure	un traitement médical suivi dans une station thermale
la chirurgie	une opération, une intervention médicale
la chirurgie esthétique	une intervention médicale dont le but est de corriger les défauts physiques

1. A quoi servent les analyses médicales?
2. Où peut-on suivre une cure?
3. La chirurgie esthétique est-elle remboursée dans votre pays?

La Sécurité sociale en France

De la naissance à la vieillesse, le système médico-social français offre des soins gratuits à 99,8 % de la population. Les frais médicaux sont presque totalement remboursés aux malades par la Sécurité sociale ou la «Sécu» comme l'appellent les Français.

Les Français ont l'un des meilleurs niveaux de santé parmi les pays industrialisés. Le taux de mortalité infantile en France—un indicateur important—est de 7,2 pour 1.000 naissances, *alors qu'*aux États-Unis, par exemple, il est de 9,7 pour 1.000. *(tandis que)*

Le système médical français est financé par les *cotisations* mensuelles des employeurs (12 % *(déductions)* des salaires) et celles des salariés (6,8 % des salaires). Un grand nombre des assurés *adhèrent* aussi à une mutuelle. *(souscrivent)*

Le système médical en France a pour objectif d'offrir des soins *égaux* à tous et de per- *(identiques)* mettre à chaque malade le choix du médecin, de l'hôpital ou tout autre service. Il n'existe pas de maladie—que ce soit de l'hypertension au SIDA—qui n'est pas couverte et en partie prise en charge par la Sécurité sociale.

Bien que les Français *se plaignent* que le système d'assurances médicales soit complexe, *(ne sont pas contents)* bureaucratique et beaucoup trop cher, ils *s'accordent* à dire qu'il fonctionne. Aujourd'hui le *(sont d'accord pour)* débat en France—et dans toute l'Europe occidentale—*porte sur* la réforme et non le rem- *(a pour objet)* placement d'un système qui fonctionne depuis plus de 40 ans.

La Sécurité sociale est-elle en danger?

L'un des problèmes fondamentaux concerne le coût astronomique des dépenses de santé. Les raisons de ce coût sont identiques dans tous les pays occidentaux: une technologie

en augmentation   chère, une population vieillissante et des demandes *croissantes* des patients. Mais en France il existe un facteur aggravant. Comme l'expliquent les économistes, les Français ont ten-
sans raison   dance à aller chez le docteur *pour n'importe quoi* et les médecins, eux, ont tendance à prescrire trop de médicaments. Les Français consomment trois fois plus de médicaments que leurs voisins allemands, et ce n'est pas parce qu'ils sont trois fois plus malades. Le système ₂₅ semble favoriser l'hypocondriaque chez tous; si un docteur décide qu'un patient se porte
ici, le patient / conscient   bien, *ce dernier* va en consulter un autre, *sachant* que cela ne lui coûtera rien ou presque. Alors pour freiner la consommation excessive de médicaments l'état rembourse maintenant 65 % ou 35 % et non 100 % du coût de certains médicaments.

Un autre problème c'est que la France a trop de médecins—20.000 de trop peut-être— ₃₀ ce qui fait que beaucoup de médecins n'ont pas assez de patients pour gagner un salaire correct. Pour compenser, ils ont tendance à multiplier le nombre de visites par patient, par exemple, en prescrivant des analyses et en demandant au patient de revenir pour connaître les résultats. De telles pratiques augmentent considérablement les dépenses de santé. Alors
service   le *ministère* de la santé a limité le nombre d'admissions dans les facultés de médecine. ₃₅
Enfin   *En dernier lieu,* la Sécurité sociale emploie 3.000 médecins qui sont chargés de vérifier les remboursements demandés (par exemple, pour des cures ou la chirurgie esthétique), d'é-
excès   valuer la qualité et l'efficacité des soins médicaux et d'essayer de signaler les *abus* dans le
Pourtant   système. *Cependant,* beaucoup d'observateurs semblent penser que leur nombre est trop
insignifiant   *insuffisant* pour être efficace. ₄₀

Comme d'autres nations, la France essaie de trouver la meilleure politique qui à la fois
l'augmentation   limitera *la hausse* des dépenses et améliorera la qualité des soins. Mais quels que soient les changements, elle ne remplacera pas les principes fondamentaux du système et continuera à maintenir sa structure.

Adapté et traduit de France Magazine.

FAISONS LE POINT!

A. Faites le bon choix. Choisissez l'expression qui convient le mieux dans les phrases suivantes. Faites les changements nécessaires.

médicament	se plaindre	croissant
égal	cependant	

1. En France tout le monde a des droits _____ en ce qui concerne l'assurance maladie.
2. La plupart des Français reconnaissent les problèmes associés à la Sécurité sociale. _____ ils s'accordent pour dire qu'elle fonctionne assez bien.
3. Le nombre _____ des assurés pose un problème sérieux à la Sécurité sociale.
4. Les Français ont tendance à consommer beaucoup de _____.
5. Les pays européens occidentaux _____ du coût astronomique de la santé.

B. **Antonymes.** Faites correspondre le contraire des mots de la colonne de gauche avec celle de droite.

1. insuffisant   a. en premier lieu
2. hausse   b. accélérer
3. sachant   c. ignorant
4. freiner   d. baisse
5. en dernier lieu   e. suffisant

C. **Questions sur la lecture.** Répondez aux questions suivantes en donnant une justification.

1. Quel est le taux de mortalité infantile en France? et aux États-Unis?
2. Comment le système médical français est-il financé?
3. Quel est l'objectif du système médical en France?
4. Quel est l'un des problèmes fondamentaux de la Sécurité sociale?
5. Pourquoi les Français consomment-ils trois fois plus de médicaments que les Allemands?
6. Qu'a-t-on fait pour résoudre ce problème?
7. A quel problème sont confrontés les médecins?
8. Que font les médecins pour améliorer leur salaire?
9. Qu'est-ce que le ministère de la santé a fait pour résoudre ce problème?
10. Quelle est la fonction des médecins qui travaillent pour la Sécurité sociale?

D. **Sujets de discussion.** Répondez aux questions suivantes en donnant une justification.

1. Les médecins aux États-Unis (au Canada) prescrivent-ils trop de médicaments?
2. A votre avis est-ce que les Américains (les Canadiens) sont hypocondriaques?
3. Est-il important de pouvoir choisir son médecin?
4. Le taux de mortalité en France est de 7,2 pour 1.000 naissances et aux États-Unis de 9,7 pour 1.000. Quelle conclusion pouvez-vous tirer *(can you draw)* à partir de *(from)* cette différence?
5. Que peut-on faire dans votre pays pour limiter la hausse des dépenses médicales?
6. Avez-vous une assurance maladie? Si non, pourquoi? Si oui, est-elle suffisante?
7. Le médecin se déplace-t-il chez les particuliers comme en France?

E. **Communication pratique.** Mettez-vous par petits groupes et dites ce que vous pensez au sujet des questions suivantes. Puis faites-en le compte-rendu à la classe.

1. Dans quelles circonstances allez-vous chez le médecin? Plus ou moins que les Francais qui n' hésitent pas à consulter un médecin pour le moindre mal?
2. A votre avis, est-ce que chaque citoyen a droit à une couverture médicale assurée par l'état?

F. **Sujets de débats.** Formez des groupes de quatre personnes pour débattre les questions suivantes. Dans chaque débat deux personnes répondront négativement et deux personnes répondront affirmativement.

1. Êtes-vous pour l'acharnement thérapeutique (le droit de maintenir artificiellement en vie une personne dans un coma profond)?
2. La médecine devrait être gratuite pour tout le monde.

G. Sujets de composition.

1. Que pensez-vous de l'euthanasie?
2. Quels sont les avantages et inconvénients de la médecine naturelle *(alternative medicine)*?

TEXTE 2　　# Faut-il donner de la drogue aux drogués?

AVANT DE LIRE

A. Qu'en pensez-vous? Choisissez les adjectifs qui correspondent le mieux à votre opinion et expliquez.

La drogue est un problème d'ordre:

social
médical
psychologique
autre

B. Définissez. Faites correspondre les mots et les définitions.

intoxiquer　　se droguer　　le, la toxicomane
la toxicomanie　　la drogue　　se désintoxiquer

1. la dépendance à la drogue
2. une substance toxique
3. empoisonner par une substance toxique
4. prendre de la drogue
5. celui qui prend de la drogue
6. se guérir d'une dépendance

C. L'Expression juste. Remplacez les expressions en caractères gras par l'un des synonymes suivants. Faites les changements nécessaires.

à l'abri de　　atteint par　　en vente libre　　grave

1. La toxicomanie est un problème **sérieux** qui concerne toute la société.
2. De nombreux toxicomanes sont **victimes du** virus du SIDA.
3. Pour être **épargnés par** le SIDA, les toxicomanes doivent utiliser des seringues *(syringes)* neuves.
4. Aujourd'hui, les seringues sont **vendues sans ordonnance** en France.

Faut-il donner de la drogue aux drogués?

Dans l'entretien suivant un journaliste du *Nouvel Observateur* interroge un cancérologue, le Dr. Schwartzenberg, et un psychiatre, Francis Curtet, sur leur conception en matière de lutte contre la drogue.

Pour le cancérologue, il est urgent de développer en France les programmes de substi-
tution, qui ont freiné l'épidémie de SIDA dans d'autres pays. Pour le psychiatre, ce serait *enfermer* les toxicomanes dans un ghetto.
                 emprisonner

N. O.   L'épidémie de SIDA chez les toxicomanes est plus grave en France que dans la plupart des pays d'Europe. A qui la faute?

L. S.   *Les pouvoirs publics* ont mis les seringues en vente libre beaucoup trop tard—en   *Le gouvernement* 1987. Or dès 1984 on savait que les toxicomanes étaient un groupe à risque. Mais on *s'en moquait*. Beaucoup *estimaient* que les toxicomanes séropositifs qui   *était indifférent / pen-* avaient des rapports sexuels répandaient ensuite la maladie *dans tous les milieux*.   *saient / à tous les autres*

F. C.   Je ne suis pas d'accord. Avant 1987 on ne savait pas qu'un séropositif devenait malade dans presque tous les cas. Dès qu'on l'a compris, Michèle Barzach[1] a libéralisé la vente des seringues. Jusque-là, c'est vrai, je trouvais que cette mesure encourageait la toxicomanie.

N. O.   L'État doit-il aujourd'hui aller plus loin et distribuer gratuitement des seringues aux toxicomanes?

L. S.   Évidemment. Et il faut le faire le plus vite possible, pour protéger ceux qui ne sont pas encore atteints par le virus.

F. C.   Oui, ce serait un *moindre* mal. Mais à mon avis on ne peut pas aller plus loin dans   *plus petit* la *connivence* avec les drogués.   *complicité*

N. O.   Vous êtes donc opposé à une prescription médicale de drogue? De méthadone, par exemple, un substitut de l'héroïne, comme cela se fait à Liverpool, à Amsterdam, à Berne ou à Francfort?

F. C.   En effet. C'est un *piège* dans lequel il ne faut pas tomber et qui *reviendrait* à sacrifier *la lutte* contre la drogue à la lutte contre le SIDA.   *le combat*

L. S.   Pensez-vous, comme moi, que cette légalisation partielle de la drogue *ralentirait*   *diminuerait* la *diffusion* du virus?   *transmission*

F. C.   Oui, les preuves sont là. Mais doit-on *se débarrasser des* toxicomanes en leur   *abandonner les* donnant ce qu'ils veulent plutôt que de les aider à sortir de leur dépendance? Ce serait les enfermer dans un ghetto.

L. S.   Mais il faut le faire avant qu'ils ne soient contaminés! On n'a pas encore essayé en France. A l'étranger, si, et ça a marché? Alors expérimentons! Comment pouvez-vous refuser de le faire? Vous et vos collègues avez été incapables de freiner l'épidémie.

F. C.   Voilà la grande différence entre vous et moi. Notre premier objectif, à nous médecins psychiatres, n'est pas de *réintégrer* les toxicomanes dans la société.   *réhabiliter*

[1]Michèle Barzach était ministre de la santé de 1986 à 1988.

Nous voulons d'abord leur permettre de raconter leur histoire pour qu'ils sortent de leur illusion et, ainsi, arrêtent de se droguer. Votre solution consiste, elle, à créer des zombis pour arrêter le SIDA. 40

déteste　L. S.　Je *hais* la drogue, au moins autant que vous! Ces zombis dont vous parlez se drogueraient de toute façon pendant des années. A nous de leur permettre de le faire à l'abri du virus. Et, pendant ce temps-là, rien ne vous empêche, au contraire, de les inciter à se désintoxiquer. 45

Adapté du Nouvel Observateur.

FAISONS LE POINT!

A. Dialoguez: Entretien avec un psychiatre. Complétez le dialogue à l'aide des mots suivants. Faites les changements nécessaires.

ralentir	seringue	lutte
grave	réintégrer	drogue
estimer	se désintoxiquer	toxicomane
séropositif		

— Pourquoi _____-vous qu'il ne faut pas donner de la

　　_____ aux drogués?
　　　　　　　2

— Parce que mon devoir est d'aider les _____ à
　　　　　　　　　　　　　　　　　　　　　　　　3

　　_____ pour les _____ dans la société.
　　　　　　4　　　　　　　　　　　　　　5

— Mais nous savons qu'ils contribuent à la diffusion du SIDA en utilisant des

　　_____ contaminées.
　　　　　　6

— Hélas! Cela est vrai et _____! Mais ma priorité est la
　　　　　　　　　　　　　　　　7

　　_____ contre la drogue.
　　　　　　8

— Dans ce cas il est impossible de _____ la progression du nombre
　　　　　　　　　　　　　　　　　　　　　9

　　de _____.
　　　　　10

B. Questions sur la lecture. Répondez aux questions suivantes en donnant une justification.

1. Qu'ont fait les pouvoirs publics en 1987?
2. Qui a pris la décision? Pourquoi?
3. Que savait le milieu médical dès 1984?
4. Pourquoi l'État doit-il aujourd'hui distribuer gratuitement des seringues aux toxicomanes?

5. Pour quelle raison le docteur Curtet est-il opposé a une prescription médicale de drogue?
6. Le docteur Schwartzenberg est-il d'accord? Pourquoi?
7. Pourquoi le docteur Schawartzenberg pense-t-il qu'il faut donner de la drogue aux toxicomanes?
8. L'expérience (experiment) en matière de libéralisation de la drogue a-t-elle réussi à l'étranger?
9. Que pense le docteur Schwartzenberg de la drogue?

C. **Sujets de discussion.** Répondez aux questions suivantes en donnant une justification.

1. Comment s'explique le grand nombre de toxicomanes séropositifs?
2. Quelles sont les conséquences de la drogue sur le plan individuel et social?
3. Pourquoi a-t-on libéralisé la vente des seringues en pharmacie en France? A-t-on trouvé une solution aux États-Unis? au Canada?
4. Est-ce que l'État doit donner des drogues de substitution aux toxicomanes? Pour quelle raison? Quel risque cela entraîne-t-il (entail)?
5. Quelle est à votre avis la meilleure politique pour lutter contre la drogue? Que fait-on aux États-Unis dans ce domaine? et au Canada?
6. Pourquoi les jeunes se droguent-ils?

D. **Communication pratique.** Mettez-vous par petits groupes et dites ce que vous pensez au sujet des questions suivantes. Puis faites-en le compte-rendu à la classe.

1. Ne sommes-nous pas tous des drogués (les alcooliques, les fumeurs, les obèses, les drogués de la télé)?
2. Pourquoi faut-il lutter contre la drogue? Comment?

E. **Sujets de débats.** Formez des groupes de quatre personnes pour débattre les questions suivantes. Dans chaque débat deux personnes répondront négativement et deux personnes répondront affirmativement.

1. Il est plus urgent de lutter contre le SIDA que contre la drogue.
2. Il faut dépénaliser l'usage de certaines drogues telles que la marijuana ou la cocaïne.

F. **Sujets de composition.**

1. La drogue est un fléau de la société moderne.
2. Commentez le dicton «Mieux vaut prévenir que guérir».

TEXTE 3

A L'ÉCOUTE: La Mortalité en France

AVANT D'ECOUTER

A. Qu'en pensez-vous? Classez par ordre de priorité ce que vous redoutez le plus. Quelles sont les causes et conséquences de ces problèmes?

- ☐ la drogue
- ☐ le diabète
- ☐ le suicide
- ☐ le cancer
- ☐ le SIDA
- ☐ les maladies cardio-vasculaires
- ☐ les accidents de la circulation
- ☐ le vieillissement

B. La Vieillesse. Quel mot convient le mieux dans les phrases suivantes?

vieux   **vieillir**
le vieillissement   **la vieillesse**

1. Dans une société où il faut paraître jeune, il est souvent difficile de
    _____ avec dignité.
2. _____ de la population crée des problèmes particuliers auxquels tout le monde doit faire face.
3. Dans la société actuelle les gens vivent de plus en plus _____.
4. _____ est le dernier âge de la vie.

C. La Famille des mots. Donnez l'infinitif de chaque nom suivant et employez-le dans une phrase.

1. l'augmentation
2. la chute
3. le décès
4. la mort
5. le traitement

 **La Mortalité en France**

Dans cette sélection on présente les principales causes de mortalité qui affectent les Français: maladies cardio-vasculaires, cancer, tabac, suicides, vieillissement.

Lisez d'abord les expressions utiles suivantes. Ensuite écoutez la bande sonore. Puis lisez l'exercice Vrai ou faux et après une deuxième écoute, faites-le.

Expressions utiles

fortement	beaucoup
imputable à	dû à
infarctus du myocarde	crise cardiaque
le poumon	organe de la respiration
tabagisme	l'abus du tabac
en revanche	d'un autre côté

FAISONS LE POINT!

A. Vrai ou faux? Lisez les phrases suivantes et corrigez celles qui contiennent une erreur.

1. Les maladies cardio-vasculaires sont en hausse.
2. Grâce au *(Thanks to)* meilleur traitement de l'hypertension, le nombre de morts dues aux accidents cérébro-vasculaires a diminué.
3. La hausse de la mortalité par cancer est due à l'augmentation des cancers du poumon.
4. Douze pour cent de la mortalité en France est dû au tabagisme.
5. En France il y a plus de personnes qui meurent dans des accidents de la route que par suicide.
6. Le suicide est un problème particulièrement grave chez les jeunes.
7. Les Français vivent approximativement deux ans de plus qu'il y a dix ans.
8. La moitié des personnes âgées de plus de 65 ans sont dépressives.
9. Le vieillissement de la population française est en voie de *(in the process of)* diminution.

B. Faites le bon choix. Choisissez l'expression qui convient le mieux dans les phrases suivantes. Faites les changements nécessaires.

poumon	**circulation**	**décès**
tabagisme	**traitement**	

1. Le cancer du _____ est dû principalement à l'excès de tabac.
2. Malheureusement le nombre de _____ dus au cancer continue à augmenter.
3. _____ pose un problème sérieux pour la santé des fumeurs.
4. On n'a pas encore découvert un _____ pour lutter contre le SIDA.
5. Les accidents de la _____ sont souvent imputables à l'excès de vitesse.

C. Antonymes. Faites correspondre le contraire des mots de la colonne de gauche avec celle de droite.

1. chuter
2. augmentation
3. mourir
4. vieux
5. fortement

a. légèrement
b. naître
c. jeune
d. diminution
e. augmenter

D. Sujets de discussion. Répondez aux questions suivantes en donnant une justification.

1. Que peut-on faire pour se protéger d'une maladie cardio-vasculaire?
2. Le cancer est-il le problème médical numéro un aux États-Unis? Et au Canada?
3. Est-ce que la consommation du tabac a diminué aux États-Unis (au Canada)? Pour quelles raisons?
4. En dépit des *(in spite of)* risques associés au tabac pourquoi les gens continuent-ils à fumer?
5. Est-ce que le suicide chez les jeunes est fréquent aux États-Unis/au Canada? Pour quelles raisons?
6. Comment peut-on expliquer et soigner la dépression?
7. De quoi souffrent les personnes âgées? Pourquoi?

E. Communication pratique. Mettez-vous par petits groupes et dites ce que vous pensez au sujet des questions suivantes. Puis faites-en le compte-rendu à la classe.

1. La publicité est-elle responsable du tabagisme et de l'alcoolisme?
2. L'alcool au volant tue. Comment peut-on responsabiliser les conducteurs? La loi doit-elle être plus sévère?

F. Sujets de débats. Formez des groupes de quatre personnes pour débattre les questions suivantes. Dans chaque débat deux personnes répondront négativement et deux personnes répondront affirmativement.

1. Il devrait y avoir une zone fumeur et une zone non fumeur dans tous les lieux publics.
2. La vieillesse était plus facile à vivre autrefois.

G. Sujets de composition.

1. Notre société est-elle responsable du mal de vivre?
2. Vous avez été témoin d'un accident de voiture. Racontez la scène.

4

Le Sport en France

Le sport aujourd'hui occupe une place importante dans la société française. Les femmes rattrapent leur retard sur les hommes dans la pratique des sports individuels qui continuent de se développer au détriment des sports collectifs. Cependant, le football et le Tour de France demeurent les sports les plus populaires en France.

Vous allez étudier, dans les textes suivants, l'intérêt que suscite ces sports pour les Français.

VOCABULAIRE THÉMATIQUE: SERVEZ-VOUS

LES SPORTS

l'athlétisme (m.)	track and field
faire du ski (de la natation, de l'équitation, du vélo)	to ski, (swim, horseback ride, cycle)
l'épreuve (f.) sportive	sporting event
l'épreuve de fond	long-distance race

LES SPORTIFS

le joueur(-euse)	player
le concurrent, l'adversaire	opponent, adversary
le spectateur(-trice)	spectator
l'équipe (f.)	team
l'entraîneur (m.)	trainer, coach
le coureur	racer, runner
le coureur cycliste	racing cyclist
la foule	crowd

LES LIEUX

le stade	stadium
Les Jeux olympiques	Olympic Games
le terrain (de basket-ball, de football, de tennis)	basketball court, football field, tennis court
le match	game
la piste	track

POUR PRATIQUER UN SPORT

se dépasser (le dépassement de soi)	to go beyond one's limits (surpassing oneself)
gagner	to win
perdre	to lose
établir (détenir) un record	to establish (hold) a record
être sportif(-ive)	to be athletic
être en forme	to be fit, in shape
participer à une course	to run a race
battre	to beat, defeat

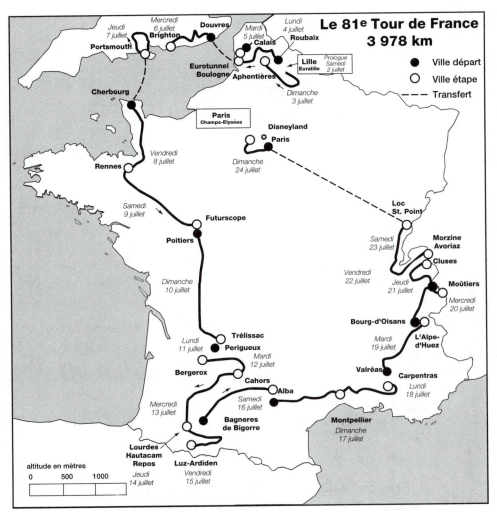

LA CARTE DU TOUR DE FRANCE

  Le Tour de France: plus de quatre-vingt-dix ans

AVANT DE LIRE

A. Qu'en pensez-vous? Regardez la carte à la page 41 et répondez aux questions suivantes.

1. Depuis quand le Tour de France existe-t-il?
2. Combien de kilomètres les coureurs courent-ils?
3. Combien de temps le Tour de France dure-t-il?
4. Combien d'étapes y a-t-il?
5. Où finit-il?

B. L'Héroïsme des coureurs. Que signifie le Tour de France pour les coureurs? Choisissez les bonnes réponses et justifiez vos choix.

- ☐ vouloir se dépasser
- ☐ avoir de l'endurance
- ☐ aimer perdre
- ☐ affronter la chaleur
- ☐ assister à un spectacle
- ☐ grimper des côtes (slopes)

C. Définissez. Quel mot correspond aux définitions suivantes?

1. une compétition sur une distance donnée
2. aller rapidement
3. la personne qui participe à une course sportive

a. la course
b. le coureur
c. courir

D. L'Expression juste. Remplacez les expressions en caractères gras par un des synonymes suivants. Faites les changements nécessaires.

affronter	événement	grâce à
défaite	semblable	susciter
se produire		

1. Le Tour de France est une des plus célèbres **aventures** sportives du monde; il **a lieu** une fois par an en France.
2. **L'échec** d'un célèbre coureur déçoit les spectateurs.
3. Les coureurs peuvent **surmonter** des obstacles énormes **en raison de** leur volonté de gagner.
4. Le Tour de France n'est pas **similaire** à d'autres courses; il est unique en son genre.
5. Le Tour de France **provoque** l'enthousiasme des spectateurs.

Le Tour de France: plus de quatre-vingt-dix ans

Il y a quatre-vingt-dix ans, le premier juillet 1903, à 15h16, à Villeneuve-Saint Georges, sur les bords de la Seine on a assisté au départ du premier Tour de France. Les inventeurs de la course, Géo Lefèvre et Henri Desgrange, s'étaient donné pour mission de *secouer* la France qu'ils considéraient en léthargie depuis la défaite de 1871 face aux armées allemandes. Par leur exemple, les cyclistes devaient *semer* énergie et persévérance.

Le Tour de France a immédiatement connu un grand succès et il continue de fasciner. Les peintres et les écrivains ne sont pas les derniers à respecter *cet emblème* du courage et du dépassement de soi. Dès qu'il est question de vélo, leur vocabulaire *prend feu.* Aucun sport ne suscite dans leur cœur et leur esprit semblable enthousiasme. Même avant la création du Tour de France, Zola[1] affirmait que s'il n'y avait pas les côtes, la bicyclette aurait tôt fait d'*évincer* le cheval. J.-H. Rosny[2] déclarait: «La bicyclette est un des grands événements

réveiller

susciter

ce symbole

s'anime

de remplacer

5

10

[1] Emile Zola (1840–1902), chef de l'école naturaliste et auteur de l'œuvre cyclique, *Les Rougon-Macquart.*
[2] Joseph Henri Rosny (1856–1940) et son frère, Séraphin-Justin (1859–1948) ont écrit *La Guerre du feu.*

humains qui se *soient produits* depuis les origines.» Pour Céline[3], un vélo était «un *concours de grâces*». Marcel Aymé[4] faisait dire à un de ses personnages que «Dieu s'intéressait aux courses de bicyclette»; «et il avait bien raison», ajoutait-il.

soient arrivés

objet d'admiration

Le Tour de France: un Noël d'été

15 Pourquoi cette vénération, s'interrogera-t-on? D'abord parce que rien n'a jamais été inventé de plus rapide par l'homme pour se mouvoir par ses propres forces qu'un vélo. Ensuite parce que le Tour de France, ancêtre des Tours créés depuis dans d'autres pays, est notre Noël d'été. C'est une fête. «Le Tour est le meilleur exemple que nous ayons jamais rencontré d'un mythe total». Ainsi parlait Roland Barthes[5].

20   C'est grâce au Tour de France que les élèves, *naguère,* apprenaient la géographie de leur pays. Ils se récitaient les noms des villes d'*étapes,* admiraient dans les journaux des paysages qu'ils n'étaient pas certains de visiter un jour. Chaque génération avait ses héros. Les choses ont-elles changé? Il suffit de voir les foules qui *se pressent* sur les routes pour être rassuré. Indurain, Bugno, LeMond, Rominger, Fignon[6] auront beaucoup de *descen-*
25 *dants.*

avant, autrefois

haltes

se hâtent

disciples

Adapté d'Atlas Magazine.

FAISONS LE POINT!

A. Le Tour de France. Complétez le dialogue entre un Francais et un étranger à l'aide des mots suivants. Faites les changements nécessaires.

naguère	étape
se produire	événement

—Combien de fois le Tour de France _____-il?
  ₁

—Une fois par an en juillet; c'est notre Noël d'été, donc un _____
important.   ₂

—Est-ce une course facile?

—Non, les coureurs doivent affronter vingt _____ difficiles.
                                              ₃

—Est-ce que les enfants s'intéressent à l'évenement aujourd'hui?

—Oui, toujours. _____ ils apprenaient la géographie française
                  ₄
grâce à lui.

[3] Louis-Fernand Céline (1894–1961), auteur de *Voyage au bout de la nuit.*
[4] Marcel Aymé (1902–1967); auteur de romans fantastiques et satiriques.
[5] Roland Barthes (1915–1980); critique littéraire qui a écrit *Le Degré zéro de l'écriture.*
[6] Miguel Indurain (espagnol), Gianni Bugno (italien), Greg LeMond (américain), Tony Rominger (suisse), Laurent Fignon (français) sont quelques cyclistes qui ont participé au Tour de France.

B. Antonymes. Faites correspondre le contraire des mots de la colonne de gauche avec celle de droite.

1. semblable
2. défaite
3. coureur
4. encourager
5. grâce à

a. différent
b. spectateur
c. sans
d. détourner
e. succès

C. Vrai ou faux? Lisez les phrases suivantes et corrigez celles qui contiennent une erreur.

1. Le Tour de France a commencé en 1905.
2. Les inventeurs du Tour de France voulaient redonner de l'énergie aux Français.
3. Le Tour de France n'était pas populaire au début.
4. Les peintres et les artistes apprécient la valeur (value) symbolique du Tour de France.
5. D'après Zola, la bicyclette remplaçait le cheval.
6. Le Tour de France n'est pas considéré comme une fête.
7. Le Tour de France a lieu en décembre.
8. En récitant les noms des villes d'étapes, les élèves, naguère, apprenaient la géographie de la France.
9. Les gens n'aiment pas voir passer le Tour de France.
10. Le succès du Tour de France semble assuré dans les années à venir.

D. Sujets de discussion. Répondez aux questions suivantes en donnant une justification.

1. Pourquoi le Tour de France a-t-il été créé?
2. Connaissez-vous des coureurs du Tour de France?
3. Quel *entraînement* les cyclistes doivent-ils suivre pour préparer une course?
4. Aimez-vous faire du vélo? Pourquoi?
5. Pourquoi les femmes ne participent-elles pas au Tour de France?
6. Aimeriez-vous participer au Tour de France? Pourquoi?
7. Est-ce que les Américains (les Canadiens) s'intéressent au Tour de France? Pourquoi?
8. Quels sports préférez-vous? Pourquoi?
9. Quels sports dans votre pays suscitent de l'enthousiasme? Pourquoi?

E. Communication pratique. Mettez-vous par petits groupes et dites ce que vous pensez au sujet des questions suivantes. Puis faites-en le compte-rendu à la classe.

1. Expliquez la volonté de se dépasser qu'éprouvent les êtres humains. Donnez des exemples.
2. Pourquoi les enfants s'identifient-ils aux héros sportifs?

F. Sujets de débats. Formez des groupes de quatre personnes pour débattre les questions suivantes. Dans chaque débat deux personnes répondront négativement et deux personnes répondront affirmativement.

1. Gagner est-il le but d'un sport?
2. Le stress est nécessaire à l'homme.

G. Sujets de composition.

1. Qu'est-ce que l'héroïsme?
2. Devrait-on remplacer la voiture par le vélo?

TEXTE 2   Quand Jane rattrape Tarzan

AVANT DE LIRE

A. **Qu'en pensez-vous?** Dans le domaine du sport les femmes sont-elles:

supérieures aux hommes?
inférieures aux hommes?
au même niveau que les hommes?

Donnez des exemples pour justifier votre opinion.

B. **Un Championnat d'athlétisme.** Quels sports comprend l'athlétisme? Cochez la bonne réponse.

☐ la course   ☐ le saut
☐ le golfe   ☐ le patinage artistique
☐ la gymnastique   ☐ le lancer (du disque, du poids, du javelot)
☐ le rugby   ☐ la lutte (wrestling)

C. **Définissez.** Faites correspondre les définitions suivantes avec les mots qui conviennent.

1. se mouvoir dans l'eau   a. nager
2. la personne qui nage   b. la natation
3. l'action de nager   c. la nage
4. le sport pratiqué par ceux qui nagent   d. le nageur

D. **L'Expression juste.** Remplacez les expressions en caractères gras par un des synonymes suivants. Faites les changements nécessaires.

épreuve   détenir
concurrent   mondial
avoir lieu

1. Dans **une compétition** sportive les participants essaient d'éliminer leurs **rivaux.**
2. Les Jeux olympiques, une compétition **internationale, se produisent** tous les quatre ans.
3. Lors des Jeux olympiques l'objectif des participants est de **battre** le record mondial.

E. **Trouvez l'erreur.** Corrigez les mots en caractères gras par une des expressions suivantes. Faites les changements nécessaires.

battre   impressionnant   mixte

1. Le nombre de femmes qui participent aux Jeux olympiques est **insignifiant.**
2. Les compétitions d'équitation sont **distinctes** pour les hommes et les femmes.
3. Un champion est celui qui **perd** des records.

Quand Jane rattrape Tarzan

Encouragées   Le sport et les femmes? C'est l'histoire d'une longue, longue patience. *Incitées* dans la
compenser   Sparte[1] antique à pratiquer le sport pour *pallier* l'absence des hommes, morts nombreux
au combat, les femmes ont été ensuite exclues de la compétition. Et elles ont dû attendre
compétition   1900 pour participer au *tournoi* olympique de tennis, 1912, pour des épreuves de natation,
et 1928, pour celles d'athlétisme!
    Aucune discipline, excepté l'équitation, n'accepte aujourd'hui les compétitions mixtes; il
se limiter   faut donc s'*en tenir* aux performances individuelles pour analyser le sport féminin.

Des Chiffres qui parlent

noter / différence   Quels changements peut-on *constater?* D'abord, *l'écart* entre l'homme et la femme diminue. Lentement, mais sûrement. En 1928, le sprinter Charles Paddock courait le 100 mètres
en 10,2 secondes et Gertrud Gladish, en 12,1 secondes. Écart: 1,9 secondes. A la fin de   10
champions   1988, les *détenteurs* des records du monde du 100 mètres sont Ben Johnson[2] (9,83 secondes) et Florence Griffith-Joyner (10,49 secondes). Écart: 0,66 secondes. Pour le
marathon (42 km 195), les chiffres sont encore plus impressionnants. En 1964, 1 heure, 13
minutes, 50 secondes séparait le meilleur homme de la meilleure femme. En 1988, 13 minutes 54.
    Avec les performances réalisées à Séoul[3] en septembre 1988, la nageuse est-allemande[4]
freestyle swimming   Kristin Otto aurait été championne olympique du 100 mètres *nage libre* et du 100 mètres
backstroke /au moment   *dos crawlé* chez les hommes *lors* des Jeux olympiques de Melbourne, en 1956. Et, en 1978,
l'Australienne Tracey Wickham, avec son record sur 400 mètres nage libre (4'6''28—4 mi-
nutes, 6,28 secondes), aurait battu Johnny Weismuller, le Tarzan des années 20, de plus d'une   20
égaleront-elles   minute! Les sportives *rejoindront-elles,* un jour, les sportifs? Un Américain, le Dr Kenneth F.
prédictions   Dyer, a établi des *prévisions* très précises pour l'athlétisme. En ce qui concerne les épreuves
à courtes distances, le record mondial féminin qui, selon lui, mettra le plus de temps pour
au niveau   se placer *à la hauteur* du masculin est celui du 200 mètres: l'événement n'aura pas lieu avant
2066. Pour le 100 mètres, il faudra attendre 2054; pour le 400 mètres, 2020; pour le 800   25
Par contre   mètres, 2021. *A l'opposé,* dans les épreuves de fond le premier record féminin qui devrait
être au niveau du masculin est celui du marathon. Date annoncée: 1990. Puis le 1 500 mètres en l'an 2000 et le 3.000 mètres en 2003!

Au départ, les femmes sont défavorisées

Le vrai handicap de la femme: elle produit en quantité moindre une substance appelée
«acide lactique» quand elle utilise certaines fibres musculaires, lors, par exemple, d'un sprint,   30
exige   lequel *requiert* une énergie «explosive». Ces fibres, nommées blanches ou rapides,

[1] Sparte est une ancienne ville de Grèce réputée pour la discipline exemplaire de ses soldats.
[2] On a retiré à Ben Johnson son titre de champion parce qu'il avait utilisé des produits dopants.
[3] Séoul, ville olympique en 1988, est la capitale de la Corée du Sud.
[4] Cet article a été écrit avant la chute du mur de Berlin.

représentent 52 % de la masse musculaire de la femme, pour 47 % chez l'homme. Mais, dans les épreuves d'endurance, ce handicap se transforme en avantage. Conclusion de la revue «New Scientist» : «Les femmes peuvent dominer les hommes, à la seule condition
35 qu'ils soient opposés dans une compétition proposant, par exemple, la traversée de *la Manche* à la nage, suivie d'une longue *course à pied* à travers le désert et les montagnes!»

the English Channel / foot race

Il n'est pas étonnant, donc, que le seul record féminin supérieur au masculin soit celui de la traversée de la Manche (aller retour, 30 kilomètres). Il est détenu par la Néerlandaise Irene Der Iann, en 18 heures, 15 minutes: elle laisse le premier concurrent homme à 3
40 heures 15 minutes! Mieux: aux sept premières places de cette compétition, on trouve sept femmes.

Adapté de l'Express.

FAISONS LE POINT!

A. Faites le bon choix. Choisissez l'expression qui convient le mieux dans les phrases suivantes. Faites les changements nécessaires.

mondial   athlétisme
battre   natation
avoir lieu

1. En 1988, les Jeux olympiques _____ à Séoul.
2. La _____ est un bon exercice pour le dos.
3. Pour le moment, aucune femme ne détient le record _____ pour les courses de vitesse.
4. Lors d'un championnat de _____ les athlètes disputent des épreuves.
5. Peut-être qu'un jour les femmes pourront _____ les hommes dans des courses de vitesse.

B. Synonymes. Faites correspondre l'expression équivalente de la colonne de gauche avec celle de droite.

1. à la hauteur   a. monter à cheval
2. faire de l'équitation b. au moment de
3. concurrent   c. adversaire
4. impressionnant   d. étonnant
5. lors de   e. au niveau de

C. Questions sur la lecture. Répondez aux questions suivantes en donnant une justification.

1. Pourquoi les femmes dans la Sparte antique ont-elles été incitées à pratiquer le sport?
2. En quelle année les femmes ont-elle eu le droit de participer au tournoi olympique de tennis?
3. Donnez un exemple qui montre que l'écart sportif entre l'homme et la femme diminue.

4. Quelle épreuve masculine la nageuse Kristin Otto aurait-elle gagné lors des Jeux olympiques de 1956?
5. D'après les prévisions du docteur Dyer, dans quelles épreuves les femmes auront-elles plus de difficulté à se mettre à la hauteur des hommes?
6. Quelles sont ses prévisions pour les femmes en ce qui concerne les épreuves de fond?
7. Vis-à-vis du sport, quel est le handicap des femmes? Quand ce handicap se transforme-t-il en avantage?
8. Les femmes peuvent-elles surpasser les hommes dans le domaine du sport?
9. Quel record féminin est supérieur au record masculin? Qui détient ce record et en combien de temps l'a-t-elle établi?

D. Sujets de discussion. Répondez aux questions suivantes en donnant une justification.

1. D'après vous est-ce qu'il devrait y avoir des compétitions mixtes dans les tournois olympiques?
2. Quels sont les avantages ou inconvénients des compétitions mixtes?
3. Est-ce que le sport vous fatigue ou vous donne de l'énergie?
4. Pourquoi aimeriez-vous (n'aimeriez-vous pas) traverser la Manche à la nage?
5. Est-ce que vous pratiquez un sport?
6. Est-ce que le sport encourage la discipline et la maîtrise de soi *(self-control)*?

E. Communication pratique. Mettez-vous par petits groupes et dites ce que vous pensez au sujet des questions suivantes. Puis faites-en le compte-rendu à la classe.

1. Bien qu'on ait établi un rapport entre le sport et la santé, beaucoup de gens ne veulent toujours pas pratiquer un sport. Pourquoi?
2. Pour quels sports les femmes sont-elles douées *(gifted)*? Expliquez.

F. Sujets de débats. Formez des groupes de quatre personnes pour débattre les questions suivantes. Dans chaque débat deux personnes répondront négativement et deux personnes répondront affirmativement.

1. Êtes-vous en faveur des compétitions sportives au lycée et à l'université?
2. Est-ce que toutes les disciplines sportives devraient accepter des compétitions mixtes?

G. Sujets de composition.

1. Est-ce que le sport a contribué à l'émancipation de la femme?
2. Quels sont les avantages et les inconvénients lorsqu'on pratique un sport?

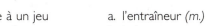

TEXTE 3   A L'ÉCOUTE: Le Foot, c'est beau

AVANT D'ÉCOUTER

A. Définissez. Quel mot correspond aux définitions suivantes?

1. une personne qui participe à un jeu
2. l'instructeur qui entraîne des joueurs
3. un groupe de joueurs
4. l'endroit où se déroule une compétition
5. une compétition sportive entre deux concurrents ou deux équipes
6. objet indispensable pour le jeu

a. l'entraîneur *(m.)*
b. le joueur
c. le match
d. l'équipe
e. le ballon
f. le stade

B. La Famille des mots. Donnez l'infinitif des noms suivants et employez-le dans une phrase.

1. la blessure
2. le frisson
3. le mépris
4. le savant

C. L'Expression juste. Remplacez les expressions en caractères gras par un des synonymes suivants. Faites les changements nécessaires.

> se défouler   dérisoire   se contenter de

1. Les débutants gagnent souvent un salaire **insignifiant.**
2. Lors d'un match, les spectateurs **crient** et oublient leurs problèmes.
3. Un sportif ne **se limite** pas **à** jouer: il veut gagner.

 **Le Foot, c'est beau**

Marcel Maréchal, directeur du Théâtre de *la Criée,* est un supporter de l'OM (Olympique de Marseille)[1], une équipe de football qui a gagné *la coupe européenne* en 1993. Dans l'interview suivante, il explique ce que représente le foot pour les Français. Lisez d'abord les expressions utiles suivantes. Ensuite écoutez la bande sonore. Puis lisez l'exercice Vrai ou faux et après une deuxième écoute, répondez aux questions.

un théâtre à Marseilles

soccer cup

Expressions utiles

s'abrutir devant le petit écran	devenir stupide lorsque l'on regarde trop la télé
le chômage	l'absence de travail
taper dans un ballon	donner un coup de pied
«taper dans ses problèmes»	se libérer
voir l'équipe à l'œuvre	voir jouer l'équipe

[1] Le dirigeant de l'Olympique de Marseille (équipe de football) est Bernard Tapie, député européen (1994) accusé de corruption.

FAISONS LE POINT!

A. Vrai ou faux? Lisez les phrases suivantes et corrigez celles qui contiennent une erreur.

1. Marcel Maréchal est un joueur de l'OM.
2. L'OM a gagné la coupe européenne en 1993.
3. Le père de Marcel Maréchal était entraîneur.
4. A cause d'une blessure au genou, Marcel Maréchal a dû renoncer à jouer au football.
5. Les Marseillais n'aiment pas beaucoup le football.
6. Marseille n'est pas une vieille ville de France.
7. La crise économique à Marseille est très grave.
8. Marcel Maréchal a éprouvé de la joie quand l'OM a gagné la coupe européenne.
9. Marcel Maréchal préfère regarder les matchs de football à la télévision que d'aller au stade.
10. On peut se défouler en jouant au football.

B. Faites le bon choix. Choisissez l'expression qui convient le mieux dans les phrases suivantes. Faites les changements nécessaires.

frisson   se contenter
équipe   stade
se défouler

1. L'OM est _____ de football qui a gagné la coupe européenne en 1993.
2. On peut _____ en assistant à un match de football.
3. Un bon joueur donne des _____ aux spectateurs.
4. On doit quelque fois _____ de perdre; on ne peut pas toujours gagner.
5. On va au _____ pour voir un match de football.

C. Antonymes ou synonymes? Remplacez les mots en caractères gras par les antonymes ou synonymes suivants. Faites les changements nécessaires.

spectateur   important   blessure   mépriser   entraîneur

1. Le chômage est une préoccupation **dérisoire**.
2. Les spectateurs **dédaignent** les perdants.
3. Un **joueur** est responsable d'une équipe.
4. Les **joueurs** sont heureux lorsque leur équipe favorite gagne.
5. Il faut toujours désinfecter une **plaie**.

D. Sujets de discussion. Répondez aux questions suivantes en donnant une justification.

1. D'après vous, pourquoi le football est-il un sport populaire dans le monde entier?
2. Aimez-vous le football? Pourquoi?
3. Pourquoi le football permet-il de se défouler?
4. Quel est le sport favori des Américains? des Canadiens? Pourquoi?
5. Quelle différence y a-t-il entre le football aux États-Unis et en France?
6. Préférez-vous le sport individuel ou le sport d'équipe? Pourquoi?
7. Quels sont les rapports entre l'éthique et le sport?
8. Quels sentiments avez-vous quand vous êtes dans une foule (dans un stade, par exemple)?

E. Communication pratique. Mettez-vous par petits groupes et dites ce que vous pensez au sujet des questions suivantes. Puis faites-en le compte-rendu à la classe.

1. Marcel Maréchal dit qu'il préfère aller au stade que de «s'abrutir devant le petit écran». Êtes-vous d'accord? Pourquoi?
2. Le sport est-il corrompu aujourd'hui par le pouvoir de l'argent? (Exemple: On achète les joueurs...)

F. Sujets de débats. Formez des groupes de quatre personnes pour débattre les questions suivantes. Dans chaque débat deux personnes répondront négativement et deux personnes répondront affirmativement.

1. Tout le monde devrait pratiquer un sport.
2. On devrait interdire *(forbid)* les sports de combat tels que la boxe, le karaté, le catch *(wrestling)*.

G. Sujets de composition.

1. Quel rôle le sport joue-t-il dans votre vie?
2. Le sport est une thérapie physique et mentale. Commentez.

La Mode

La haute couture est une tradition en France. Dès 1912, Coco Chanel, magicienne de l'élégance, a révolutionné la mode en libérant le corps féminin. Aujourd'hui la haute couture traverse une crise et doit chercher à rentabiliser la recherche et la création. Est-ce à dire qu'elle est condamnée? Sûrement pas car les Français demeurent très attachés à leur image et ils ne renonceront jamais à la beauté et au luxe.

Le culte de l'élégance, c'est ce que vous découvrirez dans les textes suivants.

VOCABULAIRE THÉMATIQUE: SERVEZ-VOUS

LA MODE

la haute couture	high fashion
le couturier(-ère)	fashion designer
être à la mode/suivre la mode	to be in fashion/to follow the fashion
être démodé	to be out of style
le mannequin	(fashion) model
porter des marques	to wear designer names
le savoir-faire	know-how
le prêt-à-porter	ready-to-wear (clothes)
coudre	to sew
porter des bijoux	to wear jewelry

LES VÊTEMENTS

le chapeau (de paille)	(straw) hat
la tenue vestimentaire	outfit
s'habiller (mettre un vêtement)	to dress (put on clothes)
se déshabiller (enlever un vêtement)	to undress (take off clothes)
essayer des vêtements	to try on clothes

LA BEAUTÉ

les produits de beauté	cosmetics, beauty products
la chirurgie esthétique	plastic surgery
être élégant(e)	to be smart, stylish
être soigné(e)	to be neat, well-groomed

TEXTE I

La Haute Couture est-elle en péril?

AVANT DE LIRE

A. Qu'en pensez-vous? Mannequin ou couturier? Classez les noms suivants selon chacune des deux catégories.

Jean-Louis Scherrer	Givenchy	Claudia Schiffer
Nadja Auerman	Helena Christensen	Dior
Yves Saint-Laurent	Linda Evangelista	Naomi Campbell
Torrente	Lapidus	Lacroix
Kate Moss	Nina Ricci	Chanel

B. La Haute Couture. Choisissez la réponse qui vous semble appropriée.

1. Les maisons de haute couture fabriquent
   a. des vêtements fabriqués en série pour le prêt-à-porter.
   b. des modèles uniques cousus main.

2. La haute couture est-elle surtout
   a. une industrie commerciale?
   b. un art du savoir-faire?

3. Qui porte des modèles de haute couture?
   a. les gens riches
   b. tout le monde

4. Pourquoi la haute couture est-elle en péril?
   a. en raison de la crise économique
   b. parce qu'elle n'a plus d'inspiration

C. La Famille des mots. Donnez le nom des infinitifs suivants et employez-le dans une phrase.

1. broder
2. dessiner
3. étiqueter
4. disparaître
5. coudre

D. Synonymes. Faites correspondre l'expression équivalente de la colonne de gauche avec celle de droite.

1. concepteur   a. emploi
2. croquis   b. en danger
3. en péril   c. créateur
4. métier   d. dessin
5. savoir faire   e. technique

E. Qui fait quoi? Faites correspondre les éléments des deux colonnes.

1. Un dessinateur   a. fait de la couture et de la broderie.
2. Une couturière   b. fait des croquis.
3. La clientèle   c. travaille dans un atelier.
4. Un artiste   d. a peint des chefs d'œuvre.
5. Cézanne   e. fait des achats dans les magasins.

La Haute Couture est-elle en péril?

Christian Lacroix, originaire d'Arles, a créé en 1987 sa propre maison de couture à Paris. Il voit la mode en décorateur. L'important pour lui, dit-il, c'est «d'exprimer l'air du temps». La haute couture est pour lui «un rêve éveillé». Voici un entretien qu'il a accordé à un journaliste de Paris-Match.

P.-M.   On parle de crise dans la haute couture comme dans le prêt-à-porter. Est-ce grave?

C. L.   La crise touche tous les secteurs dans le monde entier et même les esprits. Ce n'est pas seulement une crise économique et sociale, c'est également une crise d'identité, presque spirituelle. *Le choc pétrolier* de 1973 a fait disparaître la clientèle française et, depuis, l'Europe a peu à peu cédé la place aux pétrodollars. Les Européens ne représentent plus que 30 % de nos clients. On travaille surtout avec les Émirats[1].   *La crise du pétrole*

P.-M.   Dans une France qui *compte* trois millions de chômeurs et des dizaines de milliers de *sans-abri*, la haute couture n'est-elle pas choquante?   *comprend*   *pauvres*

C. L.   D'abord, grâce à ce métier, tout un savoir-faire se perpétue, celui qui permet d'exécuter des vêtements à la main avec des broderies, des tissus ruineux et fragiles. La haute couture est avant tout un conservatoire de nos traditions. Ensuite, pourquoi ferait-on encore plus de chômeurs en fermant les ateliers? Je compare un peu les clientes de haute couture aux *mécènes* de la Renaissance. Une femme qui s'habille chez nous fait vivre des dizaines de personnes.   *bienfaiteurs, protecteurs*

P.-M.   N'est-ce pas un peu cynique?

C. L.   Le premier prix d'une robe oscille entre *30 000 et 40 000* francs. Des robes de mariées peuvent atteindre plusieurs dizaines de milliers de francs. Hors de tout contexte, ces chiffres semblent extravagants. Mais ce qui m'irrite, c'est qu'on prenne la couture comme symbole unique de cynisme. Personne ne parle des voitures de course qui n'ont pas plus d'utilité qu'une robe brodée ni de *bateaux de plaisance*.   *$6,000.00 and $8,000.00*   *yachts*

P.-M.   Combien de modèles faites-vous par collection?

C. L.   En prêt-à-porter entre 100 et 150 modèles. Une collection de couture représente entre 50 et 70 modèles. Et cela deux fois par an. Je suis une machine à dessiner. Je dessine au *feutre* ou au *crayon à bille*. La couleur vient après.   *felt-tip pen / ballpoint pen*

P.-M.   Où *puisez-vous* votre inspiration?   *trouvez-vous*

C. L.   Je regarde surtout les filles dans la rue. Avant, j'amassais les cartes postales, je *relevais* des références dans les livres, je prenais des croquis dans les musées. Aujourd'hui je pars davantage d'une idée de ligne aperçue, par exemple, sur une adolescente qui traverse la rue devant moi.   *notais*

P.-M.   Êtes-vous capable de faire une robe tout seul?

C. L.   Non! Je suis meilleur concepteur que technicien.

P.-M.   Pendant des années, on vous a étiqueté comme un homme du sud, de la *corrida* d'Arles, de la Camargue, des femmes aux cheveux noirs et aux lèvres rouges. Avez-vous évolué?   *course de taureaux*

C. L.   J'ai toujours ces *racines* puisqu'elles viennent de mon *port d'attache*. Mais je suis cosmopolite.   *origines / refuge*

---

[1]Émirats: pays producteurs de pétrole du Moyen-Orient.

P.-M.   Avez-vous voté pour Maastricht[1]?

C. L.   Bien sûr. Ce qui a fait avancer les hommes et le monde c'est l'utopie. Ce qui me terrorise ce sont les guerres de religions, comme en Yougoslavie. On m'a enseigné *l'œcuménisme*. Les extrémistes et *l'intégrisme,* voilà le danger.

ecumenicalism / fundamentalism

Adapté de Paris-Match.

FAISONS LE POINT!

A. Faites le bon choix. Choisissez l'expression qui convient le mieux dans les phrases suivantes. Faites les changements nécessaires.

à la main	savoir-faire	puiser
atelier	dessiner	

1. Christian Lacroix _____ des modèles.
2. Les vêtements sont faits dans des _____.
3. La haute couture perpétue un _____.
4. Les vêtements de haute couture sont faits _____.
5. Christian Lacroix _____ son inspiration dans la rue.

B. Synonymes. Remplacez les mots en caractères gras par un des synonymes suivants. Faites les changements nécessaire.

métier	racine	en péril
concepteur	chef d'œuvre	

1. La haute couture est **en danger** en raison de la crise économique.
2. Un **créateur** doit avoir beaucoup d'imagination.
3. Il faut aimer son **travail** pour bien le faire.
4. Les **œuvres d'art** sont exposées dans les musées.
5. On ne doit pas oublier ses **origines.**

C. Vrai ou faux? Lisez les phrases suivantes et corrigez celles qui contiennent une erreur.

1. La crise de la haute couture est seulement économique.
2. Les clients des Émirats sont riches.
3. La haute couture est un conservatoire des traditions.
4. Le premier prix d'une robe Christian Lacroix coûte 1000 francs.
5. La haute couture est le symbole unique de cynisme.
6. Christian Lacroix dessine cinq modèles par an.
7. Christian Lacroix puise son inspiration dans les musées.
8. Christian Lacroix est capable de faire une robe tout seul.
9. Christian Lacroix est un homme du sud.

---

[1] Maastricht est un traité de l'union européenne (février, 1992) dont les objectifs sont:
—la citoyenneté européenne
—l'union économique
—l'union monétaire
—la politique européenne

D. Sujets de discussion. Répondez aux questions suivantes en donnant une justification.

1. Quelle est la clientèle de Christian Lacroix?
2. La haute couture est-elle choquante en France? Pour quelles raisons?
3. Pourquoi Christian Lacroix compare-t-il ses clientes aux mécènes de la Renaissance?
4. Qu'est-ce qui irrite Christian Lacroix?
5. Êtes-vous pour ou contre l'industrie du luxe?
6. Quels couturiers américains aimez-vous?
7. Seriez-vous prêt(e) à dépenser dix mille dollars pour acheter une robe de mariée?

E. Communication pratique. Mettez-vous par petits groupes et dites ce que vous pensez au sujet des questions suivantes. Puis faites-en le compte-rendu à la classe.

1. Doit-on suivre la mode?
2. Que recherchez-vous dans les vêtements, l'élégance ou le confort? Expliquez votre choix.

F. Sujets de débats. Formez des groupes de quatre personnes pour débattre les questions suivantes. Dans chaque débat deux personnes répondront négativement et deux personnes répondront affirmativement.

1. La haute couture est une tradition de luxe qu'il faut défendre.
2. Le salaire des mannequins est scandaleux.

G. Sujets de composition.

1. Que pensez-vous des uniformes à l'école ou au travail?
2. Coco Chanel a dit, «La mode c'est ce qui se démode». Qu'en pensez-vous?

TEXTE 2　La Dictature de la beauté

AVANT DE LIRE

A. Qu'en pensez-vous? On dit «être beau comme un dieu». La beauté s'apparente à la perfection. Valeur esthétique ou morale, la beauté est devenue aujourd'hui une obsession dans une société de «spectacle» ou du «paraître». Quelle est votre conception de la beauté? Choisissez parmi les mots suivants ceux qui, selon vous, sont essentiels pour définir la beauté physique. (Vous pouvez utiliser d'autres éléments qui ne figurent pas dans la liste).

harmonie	grâce	charme	éclat
grandeur	jeunesse	séduction	noblesse
majesté			

B. Le Succès de la chirurgie esthétique. Comment l'expliquez-vous? Choisissez les réponses qui vous semblent appropriées.

☐ le désir de paraître plus jeune　　☐ le refus de l'acceptation de soi
☐ le désir d'être aimé　　☐ une exigence sociale
☐ une mode　　☐ un luxe

C. Dialoguez: chez le chirurgien. Complétez le dialogue ci-dessous avec les mots suivants. Faites les changements nécessaires.

soigné　　anodine　　lifting　　　décourager
ride　　　bistouri　　paraître

Pourquoi voulez-vous faire _____?
Je voudrais me faire enlever les _____.
N'avez-vous pas peur du _____?
Non. Je veux avoir l'air _____ et _____ plus jeune.
Mais ce n'est pas une opération _____, il y a toujours des risques.
Cela ne me _____ pas. Je veux plaire et je suis prête à tout.

D. Synonymes. Faites correspondre l'expression équivalente de la colonne de gauche avec celle de droite.

1. répéter
2. suspendre
3. péché
4. conseiller
5. occulter

a. guider
b. cacher
c. vice
d. marteler
e. interrompre

E. La Famille des mots. A partir du nom recherchez le verbe.

1. conseil
2. péché
3. marteau
4. découragement

F. La Chirurgie esthéthique. Mettez dans l'ordre les phrases suivantes sans oublier de faire les changements nécessaires.

1. pour / un bistouri / se servir de / faire / un chirurgien / de la chirurgie
2. belles / pour / beauté / les femmes / des produits / de / être / utiliser
3. l'âge / apparaître / les rides / avec
4. antirides / pouvoir / défigurer / un traitement / un visage

La Dictature de la beauté

Derrière le miroir, il y a toujours le regard des autres, qu'on a tellement peur de voir *se détourner* à jamais. Chaque année de plus en plus de Françaises font le choix de la chirurgie esthétique.

«Quel âge me donnez-vous, dites voir? Le chirurgien m'a fait le lifting. Maintenant quand je cours, je n'ai plus les joues qui tremblent.» Suzanne a 53 ans, mère de trois enfants, elle est au chômage. Du lifting elle attend tout. Trop: un travail, un amour, un nouveau départ dans la vie. Comme elle, des milliers de Français moyens font aujourd'hui appel au bistouri pour *suspendre* le temps.

ici: s'en aller

arrêter

5

La beauté, c'est un droit. Et la jeunesse aussi, dans une société où la vieillesse est stig-
matisée, la mort occultée et où l'on conseille aux filles de *se prémunir* contre les rides dès   *se protéger*
la puberté. «Il faut avoir l'air jeune», martèle la civilisation du paraître. «C'est une élégance»
dit Claire, 68 ans. «Puisque ce progrès existe, je veux en profiter». Cadre supérieur, Renée
ajoute, «C'est une intervention de *remise en état,* comme sur une voiture. C'est une ques-   *réparation*
tion d'hygiène». Et Claire d'expliquer avec jubilation, «Pourquoi tant de *chichis*? On se fait   *manières*
bien réparer les dents! Où est la différence? Moi, je me suis fait enlever les rides du front!
C'est plus net, et plus beau. En fait, c'est écologique!»

Le laisser-aller est considéré comme un péché social. Les «liftés» veulent avoir l'air frais
et soigné, comme si les rides étaient sales. Pour sauver la face, les Français ont dépensé, en
1991, 26 milliards de francs en produits de beauté. Le nombre de chirurgiens est passé de
198 à 418 en dix ans.

Pourtant le retour à la réalité est parfois tragique. La chirurgie esthétique n'est jamais
anodine. L'actrice Laura Antonelli a eu le visage *défiguré* par un traitement antirides. Mais   *enlaidi*
cela ne décourage pas les candidats à l'éternelle jeunesse. Ils veulent qu'on les aiment. Ils
oublient la beauté intérieure. La chirurgie devient alors un piège.

Adapté de l'Express.

FAISONS LE POINT!

A. Exercice de vocabulaire. Choisissez l'expression qui convient le mieux dans les phrases
suivantes. Faites les changements nécessaires.

suspendre   dictature   décourager
paraître   piège

1. L'être est plus important que _____.
2. La _____ de la beauté est un scandale.
3. L'homme ne peut pas _____ le temps car il est mortel.
4. La douleur ne _____ pas les candidats à la chirurgie esthétique.
5. La chirurgie esthétique peut faire des miracles mais elle peut être aussi un

_____.

B. Trouvez l'erreur. Éliminez le mot qui n'a aucun rapport avec les autres.

flatter	reconstituer	embellir	défigurer
ridé	beauté	jeunesse	fraîcheur
dissuader	conseiller	interdire	déconseiller
révéler	montrer	occulter	exprimer
bistouri	maquillage	produit de beauté	crème hydratante

C. Vrai ou faux? Lisez les phrases suivantes et corrigez celles qui contiennent une erreur.

1. De plus en plus de Françaises ont recours à *(turn to)* la chirurgie esthétique pour être
   admirées par les autres.
2. Suzanne s'est fait faire un lifting pour des raisons médicales.

3. La beauté est considérée comme un droit.
4. Dans notre société on a peur de la vieillesse.
5. Claire veut profiter du progrès.
6. Le laisser-aller est une qualité.
7. Les liftés veulent avoir l'air soigné.
8. En 1991 les Français ont dépensé 26 milliards de francs en produits de beauté.
9. Il y a 418 chirurgiens esthétiques en France.
10. La chirurgie esthétique est sans danger.
11. Laura Antonelli est une victime de la dictature de la beauté.

D. Sujets de discussion. Répondez aux questions suivantes en donnant une justification.

1. Pour quelles raisons a-t-on recours à la chirurgie esthétique?
2. Est-elle réservée à une classe sociale?
3. Comment expliquez-vous le succès de la chirurgie esthétique en France?
4. La chirurgie esthétique est-elle populaire aux États-Unis? au Canada?
5. Est-ce que le scalpel est toujours une baguette magique (*magic wand*)?
6. Avez-vous peur des rides? de vieillir?
7. Le lifting est-il un passeport pour la réussite aujourd'hui?
8. Quels sont les dangers de la chirurgie esthétique?
9. Qu'est-ce que la séduction? Pourquoi a-t-on besoin de séduire?
10. Connaissez-vous l'histoire de Narcisse? Que pensez-vous du narcissisme?

E. Communication practique. Mettez-vous par petits groupes et dites ce que vous pensez au sujet des questions suivantes. Puis faites-en le compte-rendu à la classe.

1. Pourquoi parle-t-on de la dictature de la beauté?
2. Auriez-vous recours à la chirurgie esthétique?

F. Sujets de débats. Formez des groupes de quatre personnes pour débattre les questions suivantes. Dans chaque débat deux personnes répondront négativement et deux personnes répondront affirmativement.

1. La vieillesse est un mal dans notre société.
2. La chirurgie esthétique est un piège.

G. Sujets de composition.

1. La beauté est subjective.
2. Il ne faut pas juger sur les apparences.

TEXTE 3   A L'ÉCOUTE: Qu'est-ce que l'élégance?

AVANT D'ÉCOUTER

A. **Qu'en pensez-vous?** L'élégance est une notion subjective mais essayons de préciser ce qui la constitue. Dans l'exercice suivant choisissez les éléments qui vous semblent appropriés. Ensuite, donnez à votre tour votre propre définition de l'élégance.

Pour être élégant, il faut

- ☐ avoir de la classe
- ☐ suivre la mode
- ☐ porter des marques connues
- ☐ être beau ou belle
- ☐ avoir du goût
- ☐ être différent(e) des autres
- ☐ être riche
- ☐ être chic
- ☐ être sophistiqué(e)
- ☐ avoir de la grâce
- ☐ être discret(-ète)

B. **La Famille des mots.** Donnez l'infinitif des noms suivants et employez-le dans une phrase.

mélange	marque
maquillage	coiffure

C. **Synonymes.** Faites correspondre l'expression équivalente de la colonne de gauche avec celle de droite.

1. avoir l'air	a. avoir la même opinion
2. supporter	b. associé(e)
3. être d'accord	c. tolérer
4. lié(e)	d. tenues
5. vêtements	e. affecté(e)
6. sophistiqué(e)	f. constamment
7. sans cesse	g. paraître

D. **Le savez-vous?** Faites correspondre les éléments des deux colonnes.

1. Les bijoux sont	a. mais c'est du plastique.
2. Les hommes ne portent pas	b. des accessoires de la mode.
3. L'élégance n'est pas liée	c. mélangent le sophistiqué et le sportif.
4. Les adeptes de l'élégance	d. de vernis à ongle
5. Le skaï ressemble au cuir	e. à l'âge ou à l'argent.

Qu'est-ce que l'élégance

lumière L'élégance, c'est un plus, une magie, un *rayonnement,* une harmonie dont la mode et les accessoires de la beauté ne sont que des prétextes. En 1993 un jury y réuni par *Paris-Match* a élu Inès de la Fressange[1] la femme la plus élégante de France.

Le texte que vous allez entendre explique ce qu'Inès de la Fressange pense de ce mystère qui s'appelle «élégance». Lisez d'abord les expressions utiles suivantes. Ensuite écoutez la bande sonore. Puis lisez l'exercice Vrai ou faux et après une deuxieme écoute, répondez aux questions.

Expressions utiles

le chapeau de paille	*straw hat*
détenir	posséder, garder
éprouver	ressentir (une sensation, un sentiment)
faire l'apologie de	défendre
faux	imitation, inauthentique
l'astuce	intelligence
vestimentaire	qui a rapport aux vêtements

FAISONS LE POINT!

A. Vrai ou faux? Lisez les phrases suivantes et corrigez celles qui contiennent une erreur.

1. Inès de la Fressange adore porter un pantalon noir et une chemise blanche.
2. D'après Inès de la Fressange, une styliste ne porte que les vêtements qu'elle crée.
3. Inès de la Fressange est attachée aux vieux vêtements.
4. Inès de la Fressange n'achète ses vêtements qu'à Paris.
5. Inès de la Fressange a un style très sophistiqué.
6. Inès de la Fressange pense qu'il faut s'habiller comme tout le monde.
7. Les femmes très maquillées et très bien coiffées sont élégantes selon Inès de la Fressange.
8. Inès de la Fressange ne supporte pas le faux Vuitton.
9. Katharine Hepburn est une femme élégante selon Inès de la Fressange.
10. Pour Inès de la Fressange l'élégance est l'exclusivité des maisons de couture.

B. Faites le bon choix. Choisissez l'expression qui convient le mieux dans les phrases suivantes. Faites les changements nécessaires.

éprouver	détenir	grand magasin
chapeau de paille	bijoux	

1. Il faut porter _____ pour se protéger du soleil.
2. Les femmes aiment porter des _____.
3. Les Galeries Lafayette est un _____ à Paris.
4. Les fémmes _____ souvent de l'admiration pour les mannequins.
5. Personne ne _____ le secret du pouvoir de séduction.

[1] Inès de la Fressange était mannequin chez Chanel.

C. Antonymes. Faites correspondre le contraire des mots de la colonne de gauche avec celle de droite.

1. faux
2. faire l'apologie de
3. élégance
4. sans cesse
5. maquillé

a. vulgarité
b. naturel
c. critiquer
d. authentique
e. jamais

D. Sujets de discussion. Répondez aux questions suivantes en donnant une justification.

1. Qui est la femme la plus élégante de France selon «Paris-Match»? et en Amérique? et au Canada?
2. Est-ce que la femme devrait porter plus souvent des robes?
3. Achetez-vous beaucoup de vêtements? Qu'est-ce qui est le plus important lorsque vous achetez des vêtements: le prix ou la qualité?
4. Vous arrive-t-il d'acheter des vêtements aux puces? Pourquoi?
5. Est-ce que les vêtements révèlent la personnalité de quelqu'un?
6. Avez-vous un style défini pour vous habiller ou suivez-vous la mode?
7. Aimez-vous faire remarquer par votre façon de vous habiller?
8. Quelles couleurs préférez-vous porter?
9. Attachez-vous de l'importance aux vêtements?

E. Communication pratique. Mettez-vous par petits groupes et dites ce que vous pensez au sujet des questions suivantes. Puis faites-en le compte-rendu à la classe.

1. Quels sont les critères de l'élégance pour vous?
2. Aimez-vous ce qui n'est pas authentique? Pourquoi?

F. Sujets de débats. Formez des groupes de quatre personnes pour débattre les questions suivantes. Dans chaque débat deux personnes répondront négativement et deux personnes répondront affirmativement.

1. Les Américains (les Canadiens) ne sont pas obsédés par l'élégance.
2. Pour être élégant(e) il faut être riche.

G. Sujets de composition.

1. Qu'est-ce que la vulgarité? Donnez-en des exemples.
2. Que pensez-vous du proverbe «L'habit ne fait pas le moine»?

6

Féminisme et fémininité

Bien que la condition féminine se soit améliorée, la lutte des femmes n'a pas été facile. En théorie les hommes et les femmes sont égaux. Mais les préjugés sont difficiles à faire disparaître, et les femmes doivent continuer leurs efforts pour affirmer leur identité propre. Les textes suivants montreront non seulement les obstacles que doivent affronter les femmes mais aussi leurs réussites.

VOCABULAIRE THÉMATIQUE: SERVEZ-VOUS

LA FEMME AU FOYER

la femme d'intérieur	*housewife*
l'époux, l'épouse	*husband, wife*
faire le ménage	*to do the housework*
les corvées ménagères *(f.)*	*household chores*
élever des enfants	*to raise children*
s'occuper des enfants	*to take care of children*
se consacrer à	*to devote oneself to*

LA FEMME AU TRAVAIL

exercer une profession	*to practice a profession*
poursuivre une carrière	*to pursue a career*
le poste	*position, job*
le P.D.G.	*CEO*
le chef de service	*department head*

LE FÉMINISME

la féministe	*feminist*
améliorer le statut de la femme	*to improve the status of women*
émanciper (libérer)	*to emancipate (to liberate)*
la discrimination sociale	*social discrimination*
l'égalité *(f.)* des droits	*equal rights*
le préjugé	*prejudice*
être misogyne	*to hate women*
le MLF (mouvement pour la libération des femmes)	*women's lib movement*

LA BOURGEOISIE

les BCBG (bon chic bon genre)	*roughly equivalent to Yuppies*
respecter les convenances sociales	*to respect social proprieties*
le snobisme	*snobbery*

TEXTE 1   # La Femme de l'an 2000

AVANT DE LIRE

A. Le savez-vous? Qui fait quoi? Faites correspondre les éléments des deux colonnes.

1. Un journaliste	a. travaille dans l'armée
2. Un militaire	b. fait du travail administratif
3. Un architecte	c. soigne les malades
4. Une puéricultrice	d. conçoit des maisons
5. Un pilote	e. fait de l'informatique
6. Une secrétaire-dactylo	f. enseigne
7. Un ingénieur	g. conduit un avion
8. Un professeur	h. écrit dans un journal
9. Un médecin	i. s'occupe d'enfants
10. Un informaticien	j. fait des recherches scientifiques et techniques

Quelle profession souhaiteriez-vous exercer? Pourquoi?

B. La Famille des mots. Choisissez le mot qui convient le mieux dans les phrases suivantes. Faites les changements nécessaires.

le ménage	se ménager
ménager(-ère) *(adj.)*	faire le ménage

1. En général ce sont les femmes qui s'occupent des travaux _____.
2. Pour assurer la stabilité de _____, le couple doit être prêt à faire des compromis.
3. _____, c'est avoir soin de sa santé; ne pas abuser de ses forces.
4. Peu d'hommes aiment _____.

C. Définissez. Les Tâches ménagères. Faites correspondre les expressions et les définitions.

1. faire la cuisine	a. laver le linge
2. faire la lessive	b. préparer les repas
3. faire la vaisselle	c. nettoyer la maison
4. faire le ménage	d. faire des achats
5. faire le repassage	e. laver les assiettes
6. faire les courses	f. repasser le linge

D. L'Expression juste. Remplacez les mots en caractères gras par un des synonymes suivants. Faites les changements nécessaires.

tâches ménagères	se consacrer à	le bricolage
à l'extérieur	femme au foyer	exercer

Une **maîtresse de maison** ne travaille pas **dehors**; elle **n'a pas d'activité professionnelle**. Elle **s'occupe de** l'éducation de ses enfants et **du ménage**. En général, son époux ne l'aide pas sauf pour **les travaux de réparation**.

La Femme de l'an 2000

«Mère sans profession»: cette expression *risque de* sembler démodé dans un *avenir* proche.   peut / futur
92 % des filles de treize à quinze ans souhaitent travailler à l'âge adulte. Que leur mère
exerce un métier ou non ne change rien à leurs réponses: les filles veulent trouver leur
place dans le monde du travail. C'est sans doute *le fait* le plus marquant que révèle une   la chose
importante enquête sur le thème «Les femmes, an 2000». 53.000 collégiens[1] *de quatrième*   eight and ninth grades
et de troisième ont répondu à ce questionnaire ainsi que leurs parents.

A travers ce sondage, on a voulu situer le rôle des femmes dans la société actuelle. Une
conclusion s'impose *d'entrée:* même si la situation évolue, les vieilles habitudes sont difficiles   dès le début
à changer, autant pour les parents que pour les adolescents. L'enquête réserve *néanmoins*   cependant
quelques surprises: ainsi 44 % des collégiens préféreraient que leur mère travaille à l'extérieur, 22 % qu'elle travaille *à domicile*. Les enfants ne souhaitent pas une mère trop   à la maison
présente: 67 % d'entre eux estiment que leur mère leur *consacre* beaucoup, assez ou... trop   accorde
de temps.

A la maison, la *répartition* des tâches domestiques n'évolue pas très rapidement pour-   distribution
tant. Rien de bien nouveau dans les foyers: si les décisions se prennent désormais en commun (le choix de l'appartement, de la marque de la voiture), le ménage, la vaisselle, la
cuisine et les courses sont toujours le lot des femmes, le bricolage restant celui des
hommes. *Le décalage* entre les réponses des mères et des pères à ce sujet est *frappant*: 58 %   différence /
des pères reconnaissent que c'est à leur femme que revient la corvée de vaisselle, tandis   remarquable
que 72 % des mères s'attribuent cette tâche! La prochaine génération ne semble pas prête
à *bouleverser* des coutumes bien *ancrées*. 65 % des garçons trouvent «normal que dans un   changer / éternelles
couple l'homme participe autant que la femme aux tâches ménagères.» Mais ils sont tout
de même plus nombreux (72 %) à préférer la formule «l'homme aide de temps en temps,»
et 12 % à estimer qu'il vaut mieux que la femme *s'en occupe* seule. En général, les répon-   le fasse
ses *révèlent* que les garçons sont *sensibles* au modèle paternel.   montrent / réceptifs

Madame la Présidente

Il y a de quoi *déprimer* les féministes les moins enthousiastes! Mais il y a aussi de l'espoir: décourager
après tout, les filles d'aujourd'hui sauront sans doute faire évoluer leurs compagnons de
demain. En revanche, dans le domaine *de la formation* et de l'avenir professionnel des   des études
femmes, les préjugés et les habitudes seront probablement plus difficiles à faire évoluer. *Dès*   A partir de
le collège[2], près de la moitié des adolescents et des adolescentes estiment que le français
constitue la discipline où les filles réussissent le mieux, tandis que les mathématiques apparaissent comme la matière *de prédilection* des garçons. Un cinquième seulement juge qu'il   de choix
n'existe aucune différence. Alors il n'est pas étonnant que la plupart des parents souhaitent en majorité une formation scientifique pour leur fils. Mais si on leur demande pour
quels motifs, 64 % des mères et 77 % des pères sont incapables de trouver une raison!

---

[1] collégien(-enne): élève d'un collège
[2] collège: une école secondaire de 11 à 15 ans

Ce traditionnel décalage se retrouve dans les métiers souhaités par les collégiennes: elles aimeraient devenir professeur, puis puéricultrice, institutrice, secrétaire-dactylo, médecin, journaliste. Les garçons *visent*, eux, les métiers de: professeur, pilote, ingénieur, informaticien, militaire, médecin. 57 % des jeunes pensent que filles et garçons peuvent faire les mêmes études, 19 % répondent le contraire. 86 % des collégiens seraient prêts à voter pour une candidate à la présidence de la République.

désirent

Adapté du Monde de l'Éducation.

FAISONS LE POINT!

A. Faites le bon choix. Choisissez l'expression qui convient le mieux dans les phrases suivantes. Faites les changements nécessaires.

faire les courses	exercer	tâche
consacrer	coutume	

1. Les hommes sont souvent hostiles aux _____ ménagères.
2. On _____ dans les magasins.
3. Les médecins _____ une profession utile.
4. Il est souvent difficile de changer les _____ d'un peuple car elles sont fondées sur la tradition.
5. Au lieu de faire le ménage, les hommes _____ leur temps libre au bricolage.

B. Synonymes. Faites correspondre l'expression équivalente de la colonne de gauche avec celle de droite.

1. le ménage
2. à domicile
3. frappant
4. révéler
5. s'occuper de

a. remarquable
b. montrer
c. le foyer
d. prendre soin de
e. à la maison

C. Questions sur la lecture. Répondez aux questions suivantes en donnant une justification.

1. Que souhaitent les filles de 13 à 15 ans?
2. Quel est le but *(goal)* de ce sondage?
3. Quelle conclusion s'impose d'entrée?
4. Quelles surprises y a-t-il dans cette enquête?
5. Nommez les tâches qui sont considérées comme le lot des femmes à la maison.
6. Quel pourcentage d'hommes pensent que la corvée de la vaisselle revient aux femmes?
7. Quelle est l'attitude de la nouvelle génération face aux tâches ménagères?
8. Dans le domaine de la formation, quelle est la discipline où les filles réussissent le mieux? Et les garçons?
9. Quels métiers choisissent les collégiennes? Et les collégiens?
10. Quel est le pourcentage de collégiens prêts à voter pour une candidate à la présidence de la République?

D. Sujets de discussion. Répondez aux questions suivantes en donnant une justification.

1. Que pensez vous de cette enquête? Pourquoi les féministes seraient-elles déçues *(disappointed)* par cette enquête?
2. D'après vous, pourquoi les vieilles habitudes sont-elles difficiles à changer?
3. Les tâches domestiques sont-elle réparties de la même façon aux États-Unis? Et au Canada?
4. Êtes-vous prêt(e) à bouleverser les coutumes de votre pays?
5. Pourquoi les filles s'orientent-elles moins volontiers vers les études de mathématiques?
6. Pourquoi les filles et les garçons visent-ils des métiers différents?
7. Pensez-vous qu'une femme puisse diriger un pays aussi bien qu'un homme?

E. Communication pratique. Mettez-vous par petits groupes et dites ce que vous pensez au sujet des questions suivantes. Puis faites-en le compte-rendu à la classe.

1. Comment envisagez-vous le rôle des femmes en l'an 2000?
2. Y a-t-il des emplois *(jobs)* réservés aux hommes? Lesquels? Pourquoi?

F. Sujets de débats. Formez des groupes de quatre personnes pour débattre les questions suivantes. Dans chaque débat deux personnes répondront négativement et deux personnes répondront affirmativement.

1. Les hommes ne sont pas capables de s'occuper des tâches ménagères.
2. Le féminisme aux États-Unis (au Canada) a amélioré *(improved)* le statut de la femme dans la société actuelle.

G. Sujets de composition.

1. «L'avenir appartient aux femmes.» Commentez.
2. Doit-on acheter des jouets différents aux enfants selon leur sexe?

TEXTE 2   La Femme d'affaires

AVANT DE LIRE

A. Qu'en pensez-vous? Quelles sont les qualités requises pour diriger une entreprise? Choisissez les réponses qui vous semblent appropriée et justifiez.

☐ avoir de l'autorité
☐ avoir le sens des affaires
☐ être rêveur
☐ être intuitif et créatif
☐ être moraliste
☐ avoir le goût du pouvoir
☐ être timide

B. La Famille des mots. Donnez l'infinitif des noms suivants et employez-le dans une phrase.

la direction
la poursuite
le ressentiment
l'élection
le lecteur(-trice)
la recherche
l'éditeur

C. Trouvez l'erreur. Éliminez le mot qui n'a aucun rapport avec les autres.

1. la carrière	le poste	le chef de service	le paysan
2. l'épouse	la mer	la femme d'affaires	la femme au foyer
3. l'acteur	le journaliste	le rédacteur	le lecteur
4. le comportement	le P.D.G.	la conduite	l'attitude
5. faire confiance à	croire	commander	se fier à

La Femme d'affaires

Le prix Veuve Clicquot distingue une femme du monde des affaires. En 1989, il a été *décerné* à Evelyne Prouvost, P.D.G. du groupe Marie-Claire qui *comprend* sept magazines féminins. Elle est la petite-fille du fondateur de *Paris-Match*, Jean Prouvost.

donné / possède

P.-M. *Que ressent-on* quand on vient d'être élue à la tête du *peloton* des femmes françaises qui *côtoient* les grands de la finance?

Qu'éprouve-t-on / groupe / fréquentent

E.P. Pour moi, une femme d'affaires est une femme qui *brasse* de l'argent. Il y a là un côté un peu «mercantile» qui ne me correspond pas du tout! Je suis davantage un manager[1] qu'une femme d'affaires. De plus, je ne vis pas dans le monde de la finance mais au sein d'un groupe de presse que je dirige et dont la stratégie et la créativité sont aussi importantes que *sa gestion*.

manipule

son administration

P.-M. Quels sont les *atouts* qui vous ont permis de réussir?

avantages

E. P. Très jeune, mon poste d'observatrice dans l'entourage de mon grand-père m'a permis d'étudier *le comportement* des gens, de comprendre ce qu'étaient un groupe de presse et les qualités essentielles nécessaires à un grand patron pour réussir: intuition, lucidité, ténacité, créativité, un sens inné de savoir choisir ses collaborateurs et de les motiver... Jean Prouvost possédait toutes ces qualités, mais il savait surtout ce qu'attendaient ses lecteurs.

la conduite

P.-M. Où avez-vous fait votre *apprentissage*?

formation

E. P. Je suis entrée à «Parents», un des journaux du groupe, où j'ai appris le métier de *rédactrice* puis de chef de service. Je me suis ensuite initiée à la partie technique,

journaliste

5

10

15

20

[1] «Manager» est un anglicisme pour «directeur(-trice)».

à la *fabrication* du journal. Et, un beau jour, mon grand-père m'a fait confiance : j'ai   production
pu *lancer* un nouveau magazine, Cosmopolitan.   publier

P.-M. Sur un plan personnel, que vous a apporté la réalisation de vos projets?

E. P. Je ne recherchais rien personnellement: j'avais une responsabilité, il me fallait l'as-
25 sumer. A aucun moment je n'ai été poussée par l'ambition de faire carrière ou par
l'idée d'un destin à accomplir.

P.-M. Comment trouvez-vous le temps de mener votre vie d'épouse et de mère?

E. P. Je me suis organisée: j'ai divisé mon temps en compartiments bien distincts: mes
soirées et mes week-ends sont consacrés à mes enfants—j'en ai cinq—et les
30 journées à mon entreprise. Ma vie sociale arrive en dernière position. J'ai l'avantage de réussir à *me déconnecter* complètement selon l'endroit où je me trouve.   m'adapter
Mais les barrières tombent quand *surgissent* les problèmes importants.   naissent

P.-M. Et votre mari, que pense-t-il de tout cela?

E. P. J'ai un mari anglais qui préfère voir en moi la femme au foyer et oublier mon rôle
35 de manager. L'Angleterre est un pays encore assez misogyne où l'homme conserve sa suprématie. *Heureusement* que j'exerce ma carrière en France!   Par chance

P.-M. Quels sont les projets de la «Femme d'affaires de l'année»?

E. P. Poursuivre l'internationalisation de «Marie-Claire» et de *La maison de Marie-Claire*.   le nom des magazines
Trouver de nouvelles idées pour les magazines féminins des années 90 car, après
40 tout, «la femme est l'avenir de l'homme[2]».

Adapté de Paris-Match.

FAISONS LE POINT!

A. Faites le bon choix. Choisissez l'expression qui convient le mieux dans les phrases
suivantes. Faites les changements nécessaires.

surgir   élire   avoir du mal à
à la tête de   faire confiance à

1. Evelyne Prouvost est une femme d'affaires _____ la maison de
Marie-Claire.
2. Jean Prouvost _____ sa petite fille et l'a laissée lancer
«Cosmopolitan».
3. Beaucoup de femmes d'affaires _____ à trouver l'équilibre entre
leur vie professionnelle et leur vie de famille.
4. En 1989, on _____ Evelyne Prouvost femme d'affaires de l'année.
5. Quand un problème _____ le P.D.G. doit le résoudre.

---

[2] Cette phrase est citée d'une célèbre chanson française de Louis Aragon, un poète français du vingtième siècle.

B. Synonymes. Faites correspondre l'expression équivalente de la colonne de gauche avec celle de droite.

1. diriger	a. attitude
2. rechercher	b. emploi
3. ressentir	c. administrer
4. comportement	d. chercher
5. poste	e. éprouver

C. Questions sur la lecture. Répondez aux questions suivantes en donnant une justification.

1. De quel groupe de presse Evelyne Prouvost est-elle le P.D.G.?
2. Quel magazine son grand-père, Jean Prouvost, a-t-il fondé?
3. Est-ce qu'elle se considère comme une femme d'affaires? Pourquoi?
4. Comment voit-elle son rôle de P.d.g.?
5. Qu'est-ce qui a aidé Evelyne Prouvost à réussir dans les affaires?
6. Qu'a-t-elle fait pendant son apprentissage?
7. Quel magazine a-t-elle lancé?
8. Comment Evelyne Prouvost arrive-t-elle à maintenir *(to maintain)*, l'équilibre entre sa vie professionnelle et sa vie d'épouse et de mère?
9. Quelle est l'attitude de son mari envers sa carrière professionnelle?
10. Quels sont les projets d'Evelyne Prouvost pour la maison de Marie-Claire?

D. Sujets de discussion. Répondez aux questions suivantes en donnant une justification.

1. Selon vous, quelles sont les qualités nécessaires pour réussir dans les affaires? Considérez-vous que c'est une profession féminine?
2. Quels problèmes peut avoir une femme d'affaires si elle est aussi mère de famille?
3. De quoi peuvent souffrir le mari et les enfants d'une femme d'affaires?
4. D'après vous, quel rôle jouent les femmes au foyer dans la société?
5. Qu'est-ce que la misogynie? Donnez des exemples.
6. Peut-on concilier honnêteté et affaires?

E. Communication pratique. Mettez-vous par petits groupes et dites ce que vous pensez au sujet des questions suivantes. Puis faites-en le compte-rendu à la classe.

1. Est-ce qu'un Américain ou un Canadien épouserait volontiers une femme d'affaires?
2. Féminisme et féminité sont-ils compatibles?

F. Sujets de débats. Formez des groupes de quatre personnes pour débattre les questions suivantes.

1. «Le rôle de la femme est de rester au foyer». Dans ce débat deux personnes joueront le rôle d'un homme misogyne qui défend cette position et deux personnes joueront le rôle d'une femme d'affaires qui s'y oppose.
2. «Les femmes sont aussi compétentes que les hommes dans les affaires». Dans ce débat deux personnes répondront négativement et deux personnes répondront affirmativement.

G. Sujets de composition.

1. Seriez-vous prêt(e) à sacrifier votre vie personnelle pour réussir votre carrière?
2. Comment les femmes qui travaillent ont-elles contribué à l'amélioration de la condition féminine?

TEXTE 3   A L'ÉCOUTE: **Nous, les bourgeoises**

AVANT D'ÉCOUTER

A. Qu'en pensez-vous? Les BCBG sont un groupe social qui ressemble un peu aux «Yuppies» aux États-Unis. Choisissez les mots qui les caractérisent le mieux d'après vous.

- ☐ l'argent
- ☐ le voyage
- ☐ l'amour
- ☐ la famille
- ☐ la religion
- ☐ le commerce
- ☐ la philosophie
- ☐ les conventions sociales
- ☐ les distractions
- ☐ l'art
- ☐ le snobisme
- ☐ autres?

B. Qu'est-ce que le snobisme? Choisissez les éléments qui le caractérisent le mieux d'après vous.

- ☐ suivre la mode
- ☐ manquer de simplicité
- ☐ être cultivé(e)
- ☐ mépriser les autres
- ☐ être soi-même
- ☐ être moderne
- ☐ être mondain(e)
- ☐ être vulgaire
- ☐ être cultivé(e)
- ☐ jouer la comédie
- ☐ manquer d'ouverture
  (to be narrow-minded)
- ☐ avoir du goût
- ☐ autres?

C. La Famille des mots. Donnez l'infinitif des noms suivants et employez-le dans une phrase.

affirmation	manque
fréquentation	mérite
fuite	remarque

D. Trouvez l'erreur. Corrigez l'erreur à l'aide des mots suivants. Faites les changements nécessaires.

respecter   étaler   leurs intimes   supérieur

1. Les BCBG fréquentent **des ploucs.**
2. Les BCBG n'aiment pas **exhiber** leur argent.
3. Les BCBG **méprisent** les convenances sociales.
4. Les BCBG se sentent **inférieurs** à leurs domestiques.

E. Remettez dans l'ordre les phrases suivantes sans oublier de faire les changements nécessaires.

1. de / les aristocrates / titres / être / noblesse / fiers / leurs / de
2. fuir / les bourgeoises / la peste / la vulgarité / comme
3. demeures / vivre / dans / les aristocrates / de / somptueuses
4. une / pouvoir / à la rigueur / si / femme BCBG / entreprise / travailler /
   diriger / sa propre / elle

F. Définissez. Faites correspondre les expressions argotiques aux définitions.

1. être du même monde ou milieu
2. des ronds, du fric, des sous
3. une masure, une baraque
4. machin (truc)
5. ramer comme un fou

a. se dit d'une personne qui travaille beaucoup
b. appartenir à la même classe sociale
c. une maison peu confortable
d. de l'argent
e. désigne une personne ou un objet dont on
   ignore le nom

Nous, les bourgeoises

Les nouvelles bourgeoises n'aiment pas du tout qu'on les considère comme des bourgeoises. Elles préfèrent plutôt le terme, BCBG (bon chic bon genre). Voici quelques attri-
buts qui les distinguent:

1. Ce sont en majorité des Parisiennes ou, du moins, *des intoxiquées du
   parisianisme.*

   des snobs parisiennes

2. Elles ont de l'argent. Il est toléré, à la rigueur, d'en manquer (un peu) à condition
   d'avoir *de l'aisance.*

   de la fortune

3. Certaines travaillent. Mais attention! le travail, ce n'est pas n'importe quel travail. La
   perfection, c'est de créer sa propre entreprise, d'être un chef.

4. Elles ont du respect pour les convenances. La bourgeoise BCBG *tend à*
   s'affirmer de plus en plus et à imposer ses valeurs traditionnelles.

   a tendance de

5. Elles *disposent d'*un langage codé, qui permet de se distinguer des *gens de rien.* Fuyant
   toute vulgarité elles *affectionnent* tout particulièrement la *litote.*

   ont / le peuple
   aiment / understatement

Vous allez entendre un petit lexique de conversation bourgeoise. Lisez d'abord les
expressions utiles suivantes. Ensuite écoutez la bande sonore. Puis lisez l'exercice Vrai ou faux et après une deuxième écoute, répondez aux questions.

Expressions utiles

carrément	franchement, nettement
gentiment	aimablement

FAISONS LE POINT!

A. Vrai ou faux? Lisez les phrases suivantes et corrigez celles qui contiennent une erreur. D'après le lexique BCBG:

1. Une BCBG qui est «méritante» a beaucoup d'argent et n'est pas obligée de travailler.
2. On dit qu'une femme est «courageuse» quand son mari et elle n'ont pas d'argent.
3. Même si on voit rarement l'autre personne, on peut toujours dire que «c'est une amie» parce que toutes les deux sont de la même société.
4. Quand une femme est «organisée», cela veut dire qu'elle a beaucoup d'imagination.
5. Quand on dit qu'une femme est «un pilier de notre association», on laisse entendre *(implies)* qu'elle est un membre récent de l'association.
6. Quand une femme est très «famille», elle aime beaucoup sortir avec ses amis.
7. Une femme qui est «trop» ou «too much» aime montrer qu'elle a de l'argent.
8. Lorsqu'une femme BCBG parle d'un cocktail où «il n'y avait personne», elle veut dire qu'il n'y avait pas de gens célèbres.
9. Les ploucs ne sortent pas souvent.
10. Quand une femme BCBG vous dit «Dans nos familles», cela veut dire que *vous* n'êtes pas de son milieu.

B. Faites le bon choix. Choisissez l'expression qui convient le mieux dans les phrases suivantes. Faites les changements nécessaires.

fréquenter	domestique	tendre à
milieu	somptueux	

1. Le _____ social d'un individu le conditionne souvent.
2. Les bourgeois ne _____ que la bonne société.
3. Les BCBG aiment organiser des dîners _____.
4. Un _____ travaille au service d'un maître.
5. Les BCBG _____ avoir des idées sociales conservatrices.

C. Synonymes. Faites correspondre l'expression équivalente de la colonne de gauche avec celle de droite.

1. fuir
2. à la rigueur
3. affirmer
4. gentiment
5. carrément

a. dire
b. aimablement
c. à la limite
d. franchement
e. échapper

D. Sujets de discussion. Répondez aux questions suivantes en donnant une justification.

1. En quoi le langage des BCBG est-il spécial? Donnez des exemples.
2. D'après vous, une BCBG serait-elle prête à accepter n'importe quel emploi?
3. A votre avis l'argent est-il important pour les BCBG?
4. Les BCBG sont très attachés aux convenances sociales. L'êtes-vous?
5. Est-il important que vos amis soient du même milieu que vous?
6. Qu'est-ce que l'amitié? Est-elle importante pour vous?

E. Communication pratique. Mettez-vous par petits groupes et dites ce que vous pensez au sujet des questions suivantes. Puis faites-en le compte-rendu à la classe.

1. Quelles ressemblances y a-t-il entre les BCBG et les «Yuppies» aux États-Unis?
2. Quels groupes sociaux sont à la mode dans votre pays? Qu'est-ce qui les caractérise?

F. Sujets de débats. Formez des groupes de quatre personnes pour débattre les questions suivantes. Dans chaque débat deux personnes répondront négativement et deux personnes répondront affirmativement.

1. «Les snobs sont drôles».
2. «Les groupes sociaux comme les BCBG et les "Yuppies" suscitent *(incite, give rise to)* la discrimination sociale».

G. Sujets de composition.

1. Aimeriez-vous mener une vie régulière, organisée et sans excès?
2. A quoi sont dues les distinctions de classe?

7

La Vie au masculin

Depuis le mouvement de la libération des femmes en France les hommes ont perdu le monopole du pouvoir. Ils ont dû s'adapter et accepter les revendications des femmes dans tous les domaines. Nous vous proposons de lire les textes suivants pour mieux comprendre cette évolution.

VOCABULAIRE THÉMATIQUE: SERVEZ-VOUS

LE MONDE DES HOMMES

être conservateur(-trice)	*to be conservative*
être dépossédé(e) du pouvoir	*to be deprived of power*
être fidèle	*to be faithful*
faire carrière	*to pursue a career*
le cadre (moyen, supérieur)	*(middle, upper) management; executive*
le poste de commande	*top-level position*

LA VIE DE FAMILLE

l'époux/épouse	*husband/wife*
le chef de famille	*head of the family*
le père de substitution	*surrogate father*
le lien parental (filial)	*parental (family) ties*
le droit de garde	*custody (of a child)*
la vie en couple	*life as a couple*
la progéniture	*offspring*
dominer	*to dominate*
l'égalité (inégalité) des sexes	*equality (inequality) of the sexes*
perpétuer	*to perpetuate*

QUELQUES CLICHÉS

la femme-objet	*the woman as object*
la mère poule	*mother hen*
le papa poule	*father hen*
les relations hommes-femmes	*relationship between men and women*

TEXTE I   Ça va les hommes?

A. Qu'en pensez-vous? Faut-il admirer ou plaindre l'homme moderne? Pour mieux répondre à cette question, comparons l'homme d'autrefois et celui d'aujourd'hui. Classez les caractéristiques suivantes en deux catégories: l'homme d'hier et l'homme d'aujourd'hui.

Il fait le ménage et la cuisine.
Il est fier d'être obéi et admiré.
C'est l'égal de la femme.
C'est un antihéros, annihilé par le féminisme.
C'est le chef de famille; son épouse est une femme au foyer.
Il est révolté d'être dépossédé du pouvoir.
Il se sent floué *(taken in, had)*.

B. La Famille des mots. Quel est le féminin des mots suivants?

1. compagnon
2. copain
3. époux

C. La Famille des mots. Donnez le verbe des noms suivants.

gêne
salut
volonté
plainte
apparition
maniement

D. Trouvez l'erreur. Éliminez le mot qui n'a aucun rapport avec les autres.

1. bruyant	fort	sourd	haut
2. épuisant	reposant	fatigant	pénible
3. rassurant	apaisant	tranquillisant	inquiétant
4. dureté	tendresse	froideur	détachement

E. Dérivation. Quel est le sens du préfixe **re-** dans les mots suivants? Donnez d'autres exemples.

renaître   retrouver   reprendre   revenir   reconnaître

F. L'Expression juste. Complétez les phrases ci-dessous à l'aide des mots suivants. Faites les changements nécessaires.

parvenir à   s'interroger   s'appliquer à   se plaindre

1. L'homme moderne _____ sur son nouveau statut.
2. Pour _____ un meilleur équilibre, l'homme moderne doit accepter l'évolution de la société.

3. L'homme moderne doit _____ devenir l'égal de la femme.

4. L'homme moderne ne doit pas _____ de ne plus être servi et obéi par sa femme.

Ça va les hommes?

semble-t-il

Et si nous parlions des hommes? Sujet tabou! Il ne faut, *paraît-il,* ni les plaindre ni les admirer. Reconnaissons pourtant que depuis vingt ans ils ont beaucoup souffert. Leur fidèle secrétaire, un beau jour, a refusé de leur servir le café du matin et le thé de l'après-midi.

ont commencé

faculté / directrices

Leurs épouses *se sont mises* à réussir dans l'électronique ou les relations publiques. Leurs copines de *fac* sont devenues leurs *«pédégères».*   5

Alors, comment être un homme aujourd'hui? Beaucoup d'hommes sentent que leur monde traditionnel a changé. Ils se sentent dépossédés, annihilés, floués. Ils ne peuvent plus

crimes

ouvrir un magazine féminin sans y être accusés de toutes les *turpitudes.*

de la sorte

comme

Pour en savoir plus, nous avons réalisé un sondage, le premier *du genre,* interrogeant des hommes sur les hommes. On y découvre l'homme nouveau *tel qu'il se voit lui-même,* et   10 non pas comme les femmes l'imaginent. Il a entre 25 et 45 ans, il est souvent cadre supérieur, vote plutôt à gauche, n'est pas forcément marié.

émouvante / admettent

Avec une bonne volonté *touchante,* 70 % d'entre eux *conviennent* que les hommes aujourd'hui ont perdu le pouvoir. 62 % des 35–45 ans vont même jusqu'à affirmer que l'abolition des différences entre sexes est plutôt une bonne chose. La réussite profession-   15 nelle de leurs compagnes ne les gêne pas du tout.

Les Antihéros

indifférence

Cette *décontraction* est-elle étonnante? Pas vraiment. Pour y parvenir, les hommes ont suivi un parcours épuisant. Ils se sont appliqués à devenir des antihéros. Ils ont appris le

cucumber / squash

Hésitants

maniement de l'aspirateur, la différence entre un *concombre* et une *courge*—pas toujours évidente. *Tâtonnants* dans un monde féminin brusquement bouleversé, les hommes se   20

s'offraient

être courtisé

dominé

payaient quelques années de grandes vacances: comme c'était bon de se laisser aimer, de *se faire draguer,* de se sentir désiré.

Mais l'homme nouveau qui apparaît à travers ce sondage n'est pas un homme *«dompté»* ou particulièrement moderne, contrairement à l'image qu'il souhaite donner. D'abord il y a ceux qui continuent à penser que les changements féministes ne sont pas «une bonne   25 chose» (34 %), qui refusent d'admettre qu'ils ont perdu du pouvoir (43 % chez les plus de 50 ans) ou qui n'apprécient pas (20 % des plus de 50 ans) que leur femme exerce des responsabilités.

Ensuite, même nos anti-macho-gentils-maris sont moins libérés qu'ils ne le disent. La réussite professionnelle et financière de leur femme, affirment-ils, ne les gêne pas du tout.   30

parmi dix

se moquent

Mais demandez-leur ce qu'ils en pensent vraiment. Un désastre! Les huit hommes *sur dix* qui saluent publiquement la réussite féminine *ricanent* que oui, évidemment, elles ont du succès, mais à quel prix! Pour *en arriver là* les pauvres femmes ont dû à la fois *ramer* comme des folles et sacrifier leur vie personnelle. Comment ne pas voir là une sourde révolte devant ces femmes qui font carrière?

réussir / lutter

35

Le Couple de demain

Normalement, tout cela est inquiétant pour l'existence même des couples de demain. Le sentent-ils? Sans doute. Car, dans notre sondage une nouvelle *tendance se dessine*—celle de la recherche de l'harmonie et de la stabilité.

mouvement apparaît

Il semble que la nouvelle génération adolescente ait compris et accepté *ce retournement* nécessaire. Les filles de 20 à 25 ans veulent des enfants tôt, avant de faire carrière, et reviennent au mariage. Les garçons de leur âge, dans notre sondage, ont des attitudes tout à fait similaires, très différentes de celles de leurs *aînés*. Une majorité (51 %) pense que le bonheur *suppose* la vie en couple (par rapport à 63 % des hommes de 25 à 35 ans qui croient que vivre en couple n'est pas nécessaire au bonheur). L'amour reprend ses droits et les garçons souhaitent *pour la plupart* voir renaître entre hommes et femmes une vraie différence de comportement. «N'exagérons pas», affirme un garçon de 20 ans, «nous ne sommes pas machos et nous ne vivrons plus jamais comme nos pères ou nos grands-pères». Peut-être cette génération de la tendresse retrouvée verra-t-elle la fin de la guerre des sexes.

40

45

cette transformation

hommes plus âgés

a pour condition

en majorité

Adapté du Nouvel Observateur.

FAISONS LE POINT!

A. Faites le bon choix. Choisissez l'expression qui convient le mieux dans les phrases suivantes. Faites les changements nécessaires.

tendresse	pour la plupart	s'appliquer à
inquiétant	fidèle	

1. Les jeunes gens ont _____ des attitudes différentes de celles de leurs parents.
2. Il faut être _____ à la tradition pour préserver son identité.
3. Beaucoup de femmes _____ réussir dans leur vie professionnelle.
4. La nouvelle génération ne considère pas les différences entre les sexes comme une préoccupation _____.
5. La _____ est une forme d'amour.

B. Synonymes. Faites correspondre l'expression équivalente de la colonne de gauche avec celle de droite.

1. époux   a. catastrophe
2. désastre   b. réussir

3. gêner   c. mari
4. épuisant   d. déranger
5. parvenir à   e. fatigant

C. Vrai ou faux? Lisez les phrases suivantes et corrigez celles qui contiennent une erreur.

1. Depuis vingt ans le monde traditionnel des hommes a beaucoup changé.
2. L'homme nouveau a entre 25 et 45 ans.
3. D'après le sondage l'homme nouveau serait plutôt conservateur.
4. 62 % des hommes de 35 à 45 ans se réjouissent de l'abolition des différences entre sexes.
5. Depuis vingt ans, les hommes ont appris à faire le ménage et la cuisine.
6. Les hommes de plus de 50 ans n'hésitent pas à admettre qu'ils ont perdu du pouvoir.
7. D'après les hommes la réussite professionnelle des femmes s'est accomplie sans trop de sacrifices personnels.
8. La nouvelle génération est prête à adopter le style de vie de leurs parents.
9. Les filles de 20 à 25 ans veulent faire carrière avant d'avoir une famille.
10. Les garçons de 20 à 25 ans croient que le bonheur se trouve dans le mariage.

D. Sujets de discussion. Répondez aux questions suivantes en donnant une justification.

1. Quels sont les changements intervenus (occurring) dans la vie des hommes depuis vingt ans?
2. Selon vous les hommes les ont-ils bien acceptés?
3. Décrivez l'homme nouveau. En quoi peut-il être considéré comme un «antihéros»?
4. Que recherche la nouvelle génération?
5. Quelle est votre conception de la vie de couple?
6. Selon vous la guerre des sexes est-elle révolue (a thing of the past)?

E. Communication pratique. Mettez-vous par petits groupes et dites ce que vous pensez au sujet des questions suivantes. Puis faites-en le compte-rendu à la classe.

1. D'après vous, est-ce que les hommes ont perdu leur pouvoir depuis vingt ans?
2. Qu'est-ce qui différencie la femme de l'homme (caractère, qualités, ambition)?

F. Sujets de débats. Formez des groupes de quatre personnes pour débattre les questions suivantes.

1. «La guerre des sexes ne prendra jamais fin». Dans ce débat deux personnes montreront comment on peut arriver à une solution possible et deux personnes montreront que la guerre des sexes restera toujours un problème.
2. «Les hommes sont jaloux de leur pouvoir: ils ne veulent pas le partager». Dans ce débat deux personnes répondront négativement et deux personnes répondront affirmativement.

G. Sujets de composition.

1. Le machisme est-il inhérent à l'homme?
2. Comment le féminisme a-t-il bouleversé la vie des hommes?

TEXTE 2 # Le Crépuscule des hommes

AVANT DE LIRE

A. Qu'en pensez-vous? Le crépuscule désigne la fin du jour, au coucher du soleil, le déclin. Le «crépuscule des hommes» correspondrait donc au déclin du pouvoir des hommes, notamment celui du père de famille. Les pères de famille ont-ils toujours des droits? Choisissez les réponses qui vous semblent appropriées.

1. a. Dans une société matriarcale la famille est dirigée par la mère.
   b. Dans une société patriarcale la mère est le chef de famille.

2. a. Lors d'un divorce, la garde de l'enfant est souvent confiée au père.
   b. Lors d'un divorce, le père a généralement le droit de visite le week-end.

3. a. Le père a un rôle plus génétique que filial aujourd'hui.
   b. N'importe qui peut remplacer un père aujourd'hui.

4. a. Lors d'un divorce, les pères ont souvent du mal à se faire entendre.
   b. Lors d'un divorce, les mères n'ont pas leur mot à dire.

5. a. Les hommes souffrent d'être dépossédés de leurs droits paternels.
   b. Les pères ont renoncé à leurs droits de paternité.

B. La Famille des mots. Lesquels des mots suivants désignent un état? un sentiment? une institution sociale?

la mère	le père
↓	↓
maternel	paternel
↓	↓
la maternité	la paternité
↓	↓
le matriarcat	le patriarcat
(famille matricentrée)	(famille patricentrée)

C. Dérivation. Le suffixe, **-ment,** sert à former un adverbe. Retrouvez l'adjectif des adverbes suivants.

1. massivement
2. aisément
3. juridiquement

D. La Famille des mots. Donnez le nom qui correspond aux verbes suivants et employez-le dans une phrase.

1. privilégier
2. cohabiter
3. s'adapter
4. souffrir
5. aboutir
6. nier

E. Le savez-vous? Qui fait quoi? Faites correspondre les éléments des deux colonnes.

1. L'avocat
2. Le législateur
3. Le juge
4. Le sociologue
5. L'assistante sociale

a. analyse les faits de société.
b. applique la loi.
c. écrit des textes juridiques.
d. défend son client dans un tribunal.
e. mène une enquête auprès des enfants avant un divorce.

F. L'Expression juste. Complétez les phrases ci-dessous avec les mots suivants. Faites les changements nécessaires.

remarier   veiller sur   matrimonial
remettre   «mère poule»

1. Les parents _____ leur progéniture (enfants).
2. Une _____ protège trop ses enfants.
3. Une agence _____ peut vous aider à trouver un époux ou une épouse.
4. Un parent divorcé peut se _____ ou se _____ en ménage pour ne pas vivre seul.

Le Crépuscule des hommes

Le Nouvel Observateur interroge la sociologue Evelyne Sullerot sur les droits paternels.

N. O.   Vous, la militante des droits de la femme, vous préparez un livre sur les pères... Pourquoi?

E. S.   Parce que je suis femme, mère et sociologue... Et que je me suis aperçue que la paternité était bien malade, que de plus en plus d'hommes se voyaient dépossédés de leurs droits de père, sans qu'ils aient leur mot à dire. Comme si un homme ne pouvait pas être victime!   5

N. O.   Les «hommes-victimes», aboutissement de vingt ans de féminisme?

E. S.   Pas les hommes, les pères. Bien sûr, dans le monde du travail, la politique, etc., les femmes n'ont obtenu que de maigres résultats. Mais, dans celui de la famille, elles sont de plus en plus puissantes et sont devenues le «premier sexe parental».   10

N. O.   Bref, d'un côté une mère omnipotente, de l'autre un père juridiquement impuissant?

E. S.   Constatons que la famille est de plus en plus «matricentrée», au détriment du rôle socio-psychologique, *voire* génétique, du père. Combien de fois ai-je entendu que le père n'était pas finalement si important, qu'il pouvait aisément être remplacé,   15 par exemple par le nouveau compagnon de la mère! Et je m'inquiète de ce que Louis Roussel a appelé le «crépuscule des pères».

N. O.   *Comment en est-on arrivé là?*

E. S.   Cohabitation et multiplication des naissances hors mariage... face au *formidable* changement des mœurs, la loi a dû s'adapter. *Or* le législateur des années 70 n'a pas   20

(marges :) même   Pour quelles raisons?   grand   Mais

voulu toucher *au segment* mère-enfant, *tandis qu'*il considérait le segment père-enfant, plus aisément *dissociable*. Résultat, on a créé cette famille «matricentrée». — au rapport / alors que séparable

N. O. Qu'ils soient divorcés ou séparés, les pères se plaignent plus que jamais...

E. S. Bien sûr... Parce que si la loi *dispose* que l'enfant doit être confié, dans son intérêt, à — décide
25 l'un ou l'autre parent, *en fait*, dans 89 % des cas, le juge des affaires matrimoniales — en réalité
donne la garde de l'enfant à la mère. D'où cette souffrance des pères dépossédés,
niés. Il y a tous ces «papas du dimanche», qui n'ont le droit de visite que le week- — contestés
end et pendant les vacances, et qui sont malheureux de ne pouvoir donner à leur
enfant l'image d'un homme normal qui travaille. Sur les deux millions d'enfants de
30 divorcés en France, plus de la moitié ne voient jamais leur père ou le voient moins
d'une fois par mois! Il faudrait que ceux et celles qui jugent les divorces soient plus
conscients de l'importance du couple parental. Car notre société a fini par privilégier
la sexualité *par rapport* à la filiation. D'où cette idée de «parent de substitution», — en comparaison avec
après remariage, remise en ménage... Cette idée que le père serait remplaçable...

35 N. O. Et les «nouveaux pères». Ces hommes veillant *comme jamais* sur leur progéniture? — comme personne

E. S. Cela ne touche qu'un tout petit milieu. En réalité, les femmes ont massivement
investi les rôles paternels alors que les hommes «papas poules» ne sont qu'une — pris
toute petite minorité.

N. O. Aujourd'hui la souffrance... Et demain, la révolte des pères?

40 E. S. Je pense qu'on atteint la fin du cycle féministe «pur». Il y aura sans doute une réac-
tion, *une prise de conscience* chez les hommes comme chez les femmes. En atten- — une conception nouvelle
dant, ces pères en souffrance ont beaucoup de mal à se faire entendre... Toujours
cette idée, latente, que c'est la femme, forcément, qui est la victime. Prenez les associations de pères divorcés qui se sont créées ces dernières années: elles trouvent très
45 peu d'écho dans les médias. Je me dis que si on avait voulu toucher à notre mater-
nité comme on *entame* leur droit à la paternité, *cela aurait fait autrement de grabuge...* — touche à / cela aurait créé des problèmes

Adapté du Nouvel Observateur.

FAISONS LE POINT!

A. Faites le bon choix. Choisissez l'expression qui convient le mieux dans les phrases suivantes. Faites les changements nécessaires.

paternel   nier   veiller
privilégier   s'adapter

1. Dans les divorces les enfants sont souvent des victimes car ils doivent
_____ à une nouvelle vie familiale.
2. La loi _____ plutôt les mères que les pères en ce qui concerne la
garde de l'enfant.
3. Les droits _____ ne sont pas toujours reconnus.
4. On ne peut pas _____ la souffrance des hommes divorcés.
5. Les bons parents _____ à l'éducation de leurs enfants.

B. Synonymes. Faites correspondre l'expression équivalente de la colonne de gauche avec celle de droite.

1. aisément
2. souffrance
3. crépuscule
4. aboutissement
5. formidable

a. résultat
b. considérable
c. facilement
d. déclin
e. douleur

C. Vrai ou faux? Lisez les phrases suivantes et corrigez celles qui contiennent une erreur.

1. La sociologue Evelyne Sullerot pense que les hommes sont souvent des victimes en matière de divorce.
2. Les hommes ont de plus en plus de droits paternels.
3. Les femmes sont devenues le «premier sexe parental».
4. Le rapport mère-enfant est considéré comme sacré dans la société.
5. Dans un divorce les juges ont tendance à confier la garde de l'enfant au père.
6. Les enfants de parents divorcés voient souvent leur père.
7. Il semble que dans la société contemporaine les pères soient facilement remplaçables.
8. Beaucoup de femmes ont adopté des rôles paternels.
9. Les nouveaux pères qui veillent sur leurs enfants représentent une majorité.
10. La société a de la sympathie pour les hommes divorcés.

D. Sujets de discussion. Répondez aux questions suivantes en donnant une justification.

1. En quoi les hommes sont-ils des «victimes» selon la sociologue Evelyne Sullerot? Qu'en pensez-vous?
2. Selon vous la famille «matricentrée» est-elle un danger? Expliquez.
3. De quoi les «papas du dimanche» se plaignent-ils? Voyez-vous une solution? Expliquez.
4. Pourquoi Evelyne Sullerot dit-elle que les juges devraient être plus conscients de l'importance du couple parental? Selon vous est-ce que la garde des enfants devrait être confiée aux pères divorcés?
5. Que veut dire l'expression, «parent de substitution»? Peut-on remplacer un père?
6. Pourquoi les pères «en souffrance» ont-ils du mal à se faire entendre?
7. Y a-t-il des associations de pères divorcés dans votre pays? Quel rôle jouent-elles?
8. Que pensez-vous de la cohabitation?

E. Communication pratique. Mettez-vous par petits groupes et dites ce que vous pensez au sujet des questions suivantes. Puis faites-en le compte-rendu à la classe.

1. Pour quelles raisons le divorce est-il une épreuve difficile à vivre?
2. Que peut-on faire pour améliorer la condition des pères divorcés?

F. Sujets de débats.

1. Formez des groupes de trois personnes pour débattre la question suivante: A qui doit-on confier les enfants? Dans ce débat deux personnes joueront le rôle d'un couple en train de divorcer et une personne jouera le rôle du juge. Chaque parent doit expliquer au juge pourquoi il veut garder les enfants. Après avoir écouté les deux arguments, le juge rendra sa décision en expliquant ses raisons.

2. Formez des groupes de quatre personnes pour débattre la question suivante: Les pères divorcés devraient avoir plus de droits. Dans ce débat deux personnes répondront négativement et deux personnes répondront affirmativement.

G. Sujets de composition.

1. Un enfant est toujours traumatisé par le divorce de ses parents. Pour quelles raisons? Quelles séquelles (consequences) laisse-t-il?
2. Pourquoi y a-t-il tant de divorces dans notre société?

TEXTE 3   A L'ÉCOUTE: Adieu le machisme

AVANT D'ECOUTER

A. Qu'en pensez-vous? Vingt ans après l'explosion du féminisme, les hommes et les femmes peuvent tout partager ou presque. L'unisexe est-ce un mythe? Choisissez la réponse qui vous semble appropriée.

1. a. Les relations entre hommes et femmes sont difficiles mais intéressantes.
   b. Les relations entre hommes et femmes ne se sont pas améliorées.

2. a. Il y a encore des malentendus entre les deux sexes.
   b. Il n'y a plus de contentieux entre les deux sexes.

3. a. Les femmes ne sont plus séduisantes.
   b. Les femmes sont plus intelligentes et cultivées qu'autrefois.

4. a. Les femmes demeurent confinées à la maison.
   b. Les femmes contribuent au génie artistique et littéraire de notre temps.

5. a. La société reste dominée par des valeurs masculines.
   b. Il est plus facile d'être socialement une femme.

B. La Famille des mots. Retrouvez le verbe à partir de l'adjectif.

1. négligeable: que l'on peut _____
2. impensable: que l'on ne peut pas _____
3. inappréciable: que l'on ne peut pas _____

C. La Famille des mots. Recherchez le nom qui correspond aux verbes suivants.

1. commander
2. retourner
3. étouffer
4. goûter
5. accorder

D. Synonymes. Faites correspondre l'expression équivalente de la colonne de gauche avec celle de droite.

1. demeurer
2. don
3. goût
4. réciproque
5. suffocation

a. étouffement
b. saveur
c. talent
d. rester
e. mutuel

Adieu le machisme

riches

cependant

imitations ridicules

même pire

pleines

quelle est la situation

Si les relations entre les hommes et les femmes ne sont pas forcément améliorées, elles se sont du moins devenues plus *profondes*. Si elles ne sont pas plus faciles, elles sont plus intéressantes. Mais *pour autant* la division des sexes, avec ses malentendus et ses contentieux, a parfaitement survécu à l'égalisation. Les mythes de l'unisexe comme les *singeries grotesques* du papa poule, du nouveau père ou *pis encore* de l'homme féministe n'ont pas duré longtemps. Comme hier, comme avant-hier, les relations hommes-femmes demeurent *tissées de* stéréotypes aussi bien que de lieux communs réciproques.

Alors si le mythe de l'unisexe n'a pas survécu au féminisme, *où en sommes-nous?* A vous de juger! Lisez d'abord les expressions utiles suivantes. Ensuite écoutez la bande sonore. Puis lisez l'exercice Vrai ou faux et après une deuxième écoute, répondez aux questions.

Expressions utiles

de nos jours	aujourd'hui, à présent
en principe	en théorie
largement	d'une façon considérable, abondamment

FAISONS LE POINT!

A. Vrai ou faux? Lisez les phrases suivantes et corrigez celles qui contiennent une erreur.

1. C'est l'éducation qui a beaucoup aidé les femmes à se libérer.
2. Les conventions sociales du passé ont étouffé les aptitudes naturelles des femmes.
3. De nos jours l'autorité reste le privilège des hommes.
4. Les femmes modernes sont prisonnières des lieux traditionnels.

5. Les contributions des femmes dans le domaine artistique et littéraire sont remar-quables.
6. Les femmes peuvent être à la fois intelligentes, charmantes et drôles.
7. Nous ne vivons plus dans un monde dominé par les valeurs masculines.
8. Vingt ans après le mouvement féministe, les principaux postes de direction sont équitablement répartis de manière égale *(distributed equally)* entre les femmes et les hommes.
9. Depuis le mouvement féministe, le retour au statu quo n'est plus possible.
10. Les hommes «machos» n'ont pas été influencés par le mouvement féministe.

B. Faites le bon choix. Choisissez l'expression qui convient le mieux dans les phrases sui-vantes. Faites les changements nécessaires.

négligeable	demeurer	largement
impensable	améliorer	

1. Le rôle de la femme dans le monde politique est encore _____.
2. Que peut-on faire pour _____ les relations hommes-femmes?
3. Il y a cent ans il aurait été _____ d'imaginer que les femmes puis-sent contribuer à la vie littéraire et artistique.
4. A notre époque on vit encore dans un monde _____ dominé par les valeurs masculines.
5. Les hommes _____ les principaux acteurs de notre société.

C. Antonymes. Faites correspondre le contraire des mots de la colonne de gauche avec celle de droite.

1. étouffer   a. superficiel
2. accorder   b. départ
3. commander   c. obéir
4. retour   d. refuser
5. profond   e. respirer

D. Sujets de discussion. Répondez aux questions suivantes en donnant une justification.

1. Quels sont les mythes de l'unisexe?
2. Qu'est-ce que le féminisme?
3. Pourquoi les relations entre les hommes et les femmes sont-elles plus intéressantes aujourd'hui?
4. Existe-t-il encore des stéréotypes au niveau des relations hommes-femmes?

5. Donnez des exemples de réussite littéraire et artistique des femmes de notre temps.
6. A votre avis pourquoi le retour au statu quo n'est-il plus possible pour les hommes de l'après-féminisme?
7. L'émancipation est-elle la même partout dans le monde aujourd'hui?

E. Communication pratique. Mettez-vous par petits groupes et dites ce que vous pensez au sujet des questions suivantes. Puis faites-en le compte-rendu à la classe.

1. Est-il plus facile socialement d'être un homme? Pourquoi?
2. Êtes-vous d'accord pour dire que «nous vivons encore et toujours dans un monde largement dominé par des valeurs masculines»?

F. Sujets de débats. Formez des groupes de quatre personnes pour débattre les questions suivantes. Dans chaque débat deux personnes répondront négativement et deux personnes répondront affirmativement.

1. Les femmes peuvent tout faire à l'image des hommes.
2. La publicité perpétue le mythe de la femme objet.

G. Sujets de composition.

1. A votre avis, l'inégalité des sexes a-t-elle survécu à la guerre des sexes?
2. Les relations hommes-femmes se sont-elles améliorées de nos jours?

8

L'Évolution de la famille

Avec l'évolution de la vie moderne qui invite hommes et femmes à vivre une vie personnelle plus riche et plus variée, le modèle de la famille traditionnelle semble être menacé. Les parents se sentent souvent coupables en raison de leur absence et, dans un monde incertain, ne savent plus quelles valeurs transmettre à leurs enfants. Ceux-ci, inquiets pour leur avenir professionnel, cherchent à s'intégrer à la société contrairement à la génération de 68.

Les textes suivants vous invitent à réfléchir sur la mutation de la famille en France.

VOCABULAIRE THÉMATIQUE: SERVEZ-VOUS

LA FAMILLE

la famille nombreuse	*a large family*
la famille décomposée	*the split, divided family*
la famille recomposée	*the blended family*
les beaux-parents	*in-laws/stepparents (father-in-law/*
(le beau-père, la belle-mère)	*stepfather, mother-in-law/stepmother)*

LES ÉTAPES DE LA VIE

l'enfance *(f.)*	*infancy, childhood*
la jeunesse	*youth*
l'adulte *(adj., n.)*	*adult, grown-up*
la vieillesse	*old age*

L' ÉVOLUTION DE LA FAMILLE

le fossé/l'écart *(m.)* entre les générations	*generation gap*
l'éclatement de la famille	*breakup of the family*
l'enfant livré à lui-même	*latch-key child*
le bon vieux temps	*the good old days*

LA SOCIÉTÉ

le naufrage de la société	*ruin (downfall) of society*
se débattre	*to struggle*
la génération d'après-guerre	*baby boomers*
les petits boulots *(m.)*	*odd jobs*

LES SENTIMENTS

la haine	*hate, hatred*
l'amour *(m.)*	*love*
la colère (exprimer de la colère)	*anger (to express anger)*
l'espoir *(m.)*	*hope*
l'angoisse *(f.)*	*anguish*
coupable (la culpabilité)	*guilty (guilt)*
décalé(e)	*out of touch*
stressé(e)	*stressed, tense*
inquiet(-ète)	*anxious*
perdu(e)	*lost*
gâté(e)	*spoiled*
boudeur(-euse)	*sulky, sullen*
égoïste	*selfish*

La Génération X

AVANT DE LIRE

A. Qu'en pensez-vous? Les jeunes de 20 à 30 ans forment ce qu'on appelle la Génération X. Qu'est-ce qui les caractérise? Choisissez la réponse qui vous semble appropriée.

1. a. Ils sont hostiles aux baby-boomers.
   b. Ils s'identifient à leurs parents.

2. a. Ils vivent dans une époque de prospérité économique et ont des certitudes.
   b. Ils ont un avenir sans perspectives et sont désabusés.

3. a. Ils expriment leur colère contre la société.
   b. Ils sont silencieux et boudeurs.

4. a. Ils ont des comportements stéréotypés.
   b. Ils recherchent l'originalité.

B. Antonymes. Faites correspondre le contraire des mots de la colonne de gauche avec celle de droite.

1. angoisse   a. joie
2. haine   b. malchance
3. colère   c. sérénité
4. chance   d. amour

C. Synonymes. Faites correspondre l'expression équivalente de la colonne de gauche avec celle de droite.

1. traiter   a. déçu
2. minable   b. médiocre
3. désabusé   c. manière
4. façon   d. anticiper
5. prévoir   e. considérer

D. Dialoguez: une rencontre. Dans le dialogue suivant remplacez les mots en caractères gras par les expressions suivantes. Faites les changements nécessaires.

de mal en pis	débrouiller
je vis d'une façon médiocre	emploi
travaille	je n'ai plus d'argent
horrible	obtenir
perdu	

— Salut, comment vas-tu?

— **Je végète** et toi? As-tu réussi à **décrocher** un **boulot**?

— Oui, je **bosse** à la Poste depuis un mois.

— Tu as de la chance! Moi, je suis un peu **décalé** par rapport à ceux qui travaillent. **Je suis fauché.**

— C'est **minable**. La société va **de plus en plus mal**.

— Oui, surtout pour les jeunes. Nous sommes obligés de nous **débattre** seuls.

La Génération X

Ils vont peut-être changer nos vies. En faire quelque chose que nous n'avions pas prévu. Pour l'instant, ils attendent, assis sur le monde, et nous observent d'un regard critique. On ne sait pas vraiment qui ils sont ni ce qu'ils veulent. Ils forment la Génération X. X, à cause du mystère qui les entoure, X, parce que l'on ignore tout de la façon dont ils vont agir, bien qu'ils soient nos enfants. La seule chose dont on soit à peu près sûr, c'est que les X ont 20 ans ou un peu plus, et un ennemi de classe, les baby-boomers.

vérités　　　　　Par rapport aux boomers qui sont nés dans les années 50, au cœur des *certitudes* et de la prospérité économique, les X sont nés au moment où Herbert Marcuse publiait «la Fin de l'utopie». D'une certaine façon, ils entrent dans la salle de cinéma au moment où le film se termine. Les boomers avaient devant eux des propositions de scénario et un choix de 10

accepter　　　　rôles. Les X doivent *s'accommoder* d'un avenir sans perspectives et de quelques emplois de
rôles secondaires　*figurants.*

En France, on a souvent traité cette génération de manière condescendante et simplificatrice. Sans doute parce que, d'une manière générale, elle s'exprime peu; elle boude. Là encore, à l'inverse des boomers qui verbalisaient à l'extrême leur colère ou leurs pro- 15 blèmes, les boudeurs préfèrent le silence.

Que pensent-ils vraiment? Voici le témoignage de trois adolescents qui parlent de leur angoisse et de leurs espoirs.

Christine, 23 ans

Bachlière　　　*Le bac en poche,* Christine est partie à la conquête du monde du travail. Depuis peu, elle
placeuse　　　bosse le week-end comme *ouvreuse* dans un cinéma. C'est un emploi minable, mais qui 20 «vaut mieux que le chômage». «Nos parents ont eu plus de chance que nous, constate-t-elle. Les personnes qui nous dirigent aujourd'hui nous exploitent.» Elle fait une critique
fermée　　　　sévère contre la société *bloquée* où même les études ne mènent à rien (elle connaît des
diplômés　　　amis serveurs *titulaires d'une maîtrise* de sciences éco).

Marc, 28 ans

A 28 ans, Marc mène une existence bourgeoise mais bohème. Avec 3.000 francs par mois 25
il n'est pas riche　pour vivre dans un appartement prêté par ses parents, *il ne roule pas sur l'or.* Il y a cinq ans, il a fait le choix, inconfortable, d'interrompre «des études scientifiques étouffantes» et de
choisir sans réflexion / un　*s'engager aveuglément,* par passion, dans le cinéma. Son premier *court-métrage,* qu'il a financé
film court / minables　en partie par «des petits boulots *abrutissants*», a reçu le label CNC (Centre national de la

30   Cinématographie). *Un prix* prestigieux mais inutile. Depuis, il végète. Démotivé, mais pas   Une récompense
tout à fait résigné, il *exécute,* froidement mais sans haine, la génération de ses parents, «des   ici: condamne
égoïstes installés dans leur confort, décalés par rapport à la réalité et laissant les jeunes se
débattre dans leurs difficultés».

Nathalie, 24 ans

Nathalie est titulaire d'une licence en Sciences-Po et en Langues orientales. Depuis un an,
35   elle cherche un travail *sur mesure,* «ni dans une banque ni dans une entreprise». Elle habite   idéal
seule et gagne sa vie en faisant des petits boulots.

    Malgré sa «vie facile», Nathalie étouffe. Son rêve? Décrocher un travail «utile» pour par-
tir loin de Paris: un poste d'enseignante en Russie, par exemple. «Ma génération est saturée
d'informations, confie-t-elle, désabusée, on se ressemble tous avec nos comportements
40   stéréotypés». Résignée à ce que les choses aillent de mal en pis, elle assiste, impuissante, au
«naufrage de notre société». Mais, pour elle, pas de conflit de générations: les baby-
boomers, «plus favorisés par les circonstances», ne sont pas les responsables de la crise.

Adapté du Nouvel Observateur.

FAISONS LE POINT!

A. Faites le bon choix. Choisissez l'expression qui convient le mieux dans les phrases suivantes. Faites les changements nécessaires.

emploi	traiter	désabusé
espoir	minable	chance
exprimer	prévoir	colère

    Cet article _____ de l'angoisse et des problèmes auxquels sont
confrontés les jeunes en France. Beaucoup de jeunes sont _____
face à une société qui ne les comprend pas. Leurs parents, les soixante-huitards avaient
plus de _____ de réussir qu'eux. Cependant les jeunes ne
_____ pas ouvertement leur _____ même
si leur _____ de réussir est faible. Il leur est difficile de
_____ un avenir quelconque et ils sont quelquefois obligés d'accepter un _____ _____ pour survivre.

B. Des Adolescents témoignent. Faites le portrait de Christine, Nathalie et Marc (leur âge,
leurs études, leur emploi, leurs souhaits et leurs sentiments).

C. Questions sur la lecture. Répondez aux questions suivantes en donnant une justification.

1. Pourquoi appelle-t-on les jeunes français la «Génération X»?
2. A qui s'opposent-ils?
3. Comment la métaphore du cinéma explique-t-elle le contraste entre les baby-boomers et les X?
4. Comment la génération X est-elle vue en France?
5. Que cherche Christine? L'a-t-elle trouvé?
6. Quelle critique fait-elle contre la société?
7. Pourquoi Marc a-t-il pris la décision d'interrompre ses études? Le regrette-t-il?
8. Comment juge-t-il la génération de ses parents?
9. Quelle sorte de travail Nathalie fait-elle? Quel est son rêve?
10. Que pense-t-elle des baby-boomers?

D. Sujets de discussion. Répondez aux questions suivantes en donnant une justification.

1. Comment voyez-vous les baby-boomers?
2. Pensez-vous que les baby-boomers soient responsables des problèmes de la «Génération X»?
3. Vous entendez-vous bien avec vos parents? Expliquez.
4. Est-ce qu'ils comprennent vos problèmes?
5. Êtes-vous préoccupé(e) par votre avenir?
6. Que recherchez-vous dans le travail? l'argent? le plaisir?
7. Est-il facile de trouver un bon emploi aujourd'hui?
8. Croyez-vous que Marc ait fait un bon choix en interrompant ses études pour se consacrer à la cinématographie? Avez-vous une passion?

E. Communication pratique. Mettez-vous par petits groupes et dites ce que vous pensez au sujet des questions suivantes. Puis faites-en le compte-rendu à la classe.

1. Les jeunes d'aujourd'hui peuvent-ils s'identifier à leurs parents?
2. Les études garantissent-elles la certitude de trouver un bon emploi aujourd'hui?

F. Sujets de débats. Formez des groupes de quatre personnes pour débattre les questions suivantes. Dans chaque débat deux personnes répondront négativement et deux personnes répondront affirmativement.

1. La vie était plus facile pour les baby-boomers que pour les jeunes d'aujourd'hui.
2. Les jeunes d'aujourd'hui ont un avenir bloqué.

G. Sujets de composition.

1. De quel avenir rêvez-vous?
2. Quelles différences y a-t-il entre votre vie et celle de vos parents?

TEXTE 2   **L'Éclatement de la famille?**

AVANT DE LIRE

A. **Qu'en pensez-vous?** Qu'est-ce que la famille aujourd'hui? Pour mieux comprendre l'évolution de la famille, comparons la famille d'autrefois à celle d'aujourd'hui. Classez les éléments suivants en deux catégories: la famille d' autrefois et la famille d'aujourd'hui.

la fréquence du divorce
la disponibilité de la mère au foyer
la famille unie et solidaire
la mortalité élevée
le taux élevé de délinquance juvénile
la famille nombreuse
la fragilité et l'éclatement de la cellule familiale disloquée

B. **La Généalogie.** En vous référant au schéma ci-dessous, utilisez les mots suivants pour compléter les phrases. Un mot est employé deux fois. Lequel? Quels sens a-t-il?

M. Durand   Mme Durand
(le mari)   *(la femme)*

Pierre *(le fils)* → marié à Marie Dupont

belle-mère   beau-père   gendre   bru

1. M. Durand est le _____ de Marie Dupont.
2. Mme Durand est la _____ de Marie Dupont.
3. Marie est la _____ de M. et Mme Dupont.
4. Pierre est le _____ de M. et Mme Dupont.
5. La _____ de Blanche-Neige voulait la faire disparaître.

C. **La Famille des mots.** Recherchez le verbe des mots suivants et employez-le dans une phrase.

1. berceau
2. perturbation
3. survie
4. inquiétude
5. souffle
6. véhicule

D. L'Expression juste. Complétez les phrases ci-dessous à l'aide des mots suivants.

inépuisable   banlieues   miner   enfance   briser

1. Le divorce peut _____ et _____ l'union familiale.
2. L' _____ est souvent la période la plus heureuse de la vie.
3. L'amour d'une mère pour son enfant est _____.
4. Dans les _____ en France les familles sont souvent confrontées au problème de la délinquance.

L'Éclatement de la famille

A l'exception · *Mis à part* le problème de l'existence de Dieu, il n'y a pas de sujet de discussion... ni d'inquiétude aussi inépuisable, aussi apte à véhiculer de siècle en siècle et de génération en

clichés · génération, les mêmes *lieux communs* que celui de la crise de la famille. On en parlait dans

groupes · les années 50 avec l'apparition des premières *bandes* d'adolescents en révolte contre la société. On en parlait déjà dans les années 20 quand la mode garçonne[1] et le charleston ₅

changement irrationnel · faisaient souffler un *vent de folie* sur la jeunesse. Mais on en parlait aussi à la fin de la Révolution.

attribuons ·   Quand nous *imputons* le mal de vivre des jeunes et le désordre des banlieues (drogue, délinquance, violence dans les collèges) à la désorganisation de la cellule familiale, minée par la fréquence des divorces et la mise au travail des femmes, nous confondons la logique de ₁₀ l'histoire et la mythologie d'un paradis perdu. Ce mythe? C'est celui d'un monde ancien où la famille était stable, unie, les jeunes heureux et responsables, qui a bercé notre enfance et qui est en train de se désintégrer sous nos yeux.

La Famille du bon vieux temps

La crise de la famille est-elle vraiment un phénomène nouveau? Comparons le passé et le présent: stabilité de la famille? Certes, la France du bon vieux temps ne connaissait pas les ₁₅ perturbations du divorce, mais les effets d'une mortalité élevée les remplaçaient avantageusement. La mort brisait prématurément un grand nombre de couples et donnait au survivant non seulement le droit, mais le devoir de se remarier. Vingt pour cent au moins des ménages correspondaient à ce qu'on appelle aujourd'hui des «familles recomposées»

pendant · avec des enfants de plusieurs lits et le quart de la population avait connu, *au cours de* l'en- ₂₀ fance, les soins incertains d'un beau-père ou d'une belle-mère.

    La notion de la cellule conjugale comme la seule forme normale, naturelle de vie familiale, solidement unie, consacrant tous ses soins et son affection à l'éducation des enfants, ne date que du XVIIIe siècle. Les conflits parents-enfants et l'éclatement de la famille ont toujours été une constante dans l'histoire de nos civilisations. La famille moderne n'est pas ₂₅

---

[1] La mode garçonne = la mode féminine des années 20. Les femmes voulaient ressembler aux garçons (par exemple, Bette Davis).

plus responsable de la crise actuelle de la jeunesse que le thermomètre n'est responsable de la température. Et comment pourrait-on expliquer que la France ait pu *se payer le luxe* se permettre de supporter depuis quinze ans, sans *heurts* dramatiques, sans dissolution du *tissu social,* un conflits / société taux de chômage non seulement jamais inférieur à 10 %, mais beaucoup plus élevé pro-
30 portionnellement chez les jeunes que dans tous les autres pays de l'Europe occidentale, sinon grâce au *relais* d'une robuste et inépuisable solidarité familiale? soutien

Adapté du Nouvel Observateur.

FAISONS LE POINT!

A. **Faites le bon choix.** Choisissez l'expression qui convient le mieux dans les phrases suivantes. Faites les changements nécessaires.

éclatement	au cours de	uni
briser	enfance	

1. Le _____ de la famille est-il un phénomène nouveau?
2. Le divorce _____ la cellule familiale.
3. _____ les années, l'éclatement de la famille a toujours été une constante dans l'histoire française.
4. La cellule familiale est assez _____ pour supporter les effets destructifs du chômage.
5. Le _____ détermine souvent l'avenir d'une personne.

B. **Synonymes.** Faites correspondre l'expression équivalente de la colonne de gauche avec celle de droite.

1. inquiétude   a. infini
2. inépuisable   b. délire
3. véhiculer   c. calmer
4. bercer   d. transporter
5. folie   e. angoisse

C. **Questions sur la lecture.** Répondez aux questions suivantes en donnant une justification.

1. Quels sont les sujets de discussion qui reviennent de génération en génération?
2. Comment la crise de la famille s'est-elle manifestée dans les années 50? les années 20?
3. A quoi attribue-t-on le mal de vivre des jeunes?
4. Quel est le mythe du «paradis perdu»?
5. Quel problème de famille la France d'autrefois connaissait-elle?
6. Qu'est-ce une «famille recomposée»?
7. A quoi était consacrée la famille au XVIIIe siècle?
8. La famille moderne est-elle responsable de la crise actuelle de la jeunesse?
9. Le taux de chômage est-il moins élevé ou plus élevé chez les jeunes?
10. Comment la famille d'aujourd'hui peut-elle résister au chômage?

D. Sujets de discussion. Répondez aux questions suivantes en donnant une justification.

1. Croyez-vous que la crise de la famille soit un phénomène nouveau?
2. A votre avis, était-il plus facile de vivre au «bon vieux temps»?
3. Selon vous pourquoi les jeunes se rebellent-ils contre la famille?
4. Décrivez la famille modèle.
5. Selon vous la famille est-elle en train de se désintégrer?
6. Comment le divorce contribue-t-il à détruire la cellule familiale?
7. Notre société favorise-t-elle la stabilité familiale? Pour quelles raisons?

E. Communication pratique. Mettez-vous par petits groupes et dites ce que vous pensez au sujet des questions suivantes. Puis faites-en le compte-rendu à la classe.

1. Les relations parents-enfants se sont-elles améliorées de nos jours?
2. Pour quelles raisons la famille nombreuse est-elle en voie de *(in the process of)* disparition dans notre société?

F. Sujets de débats. Formez des groupes de quatre personnes pour débattre les questions suivantes. Dans chaque débat deux personnes répondront négativement et deux personnes répondront affirmativement.

1. L'institution du mariage est aujourd'hui dépassée.
2. L'enfance est le paradis perdu.

G. Sujets de composition.

1. Commentez la citation de Gide: «Famille, je vous hais» (la famille est la source de tous les maux, à la racine de la culpabilité de l' homme).
2. Que représente la famille pour vous?

TEXTE 3   **A L'ÉCOUTE: Agnès, Jacques et Évélyne témoignent**

AVANT D'ÉCOUTER

A. Qu'en pensez-vous? La question posée par le texte suivant souligne un problème actuel que connaissent les parents d'aujourd'hui qui, en raison de leur travail, négligent quelquefois leurs enfants.

    Comment concilier vie professionnelle et vie familiale? Choisissez la réponse qui vous semble appropriée.

1. a. Les enfants reprochent à leurs parents de ne pas s'occuper d'eux.
   b. Les enfants aimeraient que leurs parents soient plus souvent absents.

2. a. Le travail accapare *(monopolizes)* les parents.
   b. Le travail laisse suffisamment de temps libre aux parents.

3. a. Ce qui prime *(counts)* est la qualité du temps consacré aux enfants.
   b. Ce qui prime c'est la quantité du temps consacré aux enfants.

4. a. Les parents éprouvent un sentiment de culpabilité.
   b. Les parents sont satisfaits d'eux-mêmes au sujet de leurs enfants.

B. La Famille des mots. Recherchez le nom et l'adjectif des mots suivants.

1. culpabiliser
2. sourire
3. libérer

C. La Famille des mots. Recherchez le nom qui correspond au verbe.

1. déranger
2. renouveler
3. reprocher
4. occuper

D. L'Expression juste. Complétez les phrases ci-dessous avec les mots suivants. Faites les changements nécessaires.

renouer   jumeau   plein   mondain   rond

1. Lorsque deux enfants naissent d'un même accouchement *(delivery)*, ils sont
   _____.
2. Les parents doivent _____ le dialogue avec leurs enfants pour éviter les conflits.
3. Un enfant en bonne santé a le visage _____ et les joues
   _____.
4. Les enfants ne sont pas invités aux dîners _____.

Agnès, Jacques et Évelyne témoignent

Ils sont P.D.G. et rarement chez eux. Ils ont des postes importants et travaillent beaucoup. *Absorbés* par leur travail, ils n'ont pas beaucoup de temps à consacrer à leur vie familiale. Alors, *pris, accaparés* comment font-ils avec leurs enfants ? Voici le témoignage de trois P.D.G. (Agnès B., Jacques M., Évelyne P.) qui parlent de leurs efforts pour trouver un équilibre entre famille et travail.

Lisez d'abord les expressions utiles suivantes. Ensuite écoutez la bande sonore. Puis lisez l'exercise Vrai ou faux et après une deuxième écoute, répondez aux questions.

Expressions utiles

combler ses absences en regardant la télévision	compenser les absences (de leur mére) en regardant la télévision
d'ailleurs	en fait
mettre le doigt dans un engrenage	être pris dans un système
repasser à la maison	retourner à la maison
tant que	lorsque

FAISONS LE POINT!

A. Vrai ou faux? Lisez les phrases suivantes et corrigez celles qui contiennent une erreur.

1. Après le travail Agnès B. aime aller dans les dîners mondains.
2. Pour compenser l'absence de sa mère, la dernière fille d'Agnès B. regarde la télé.
3. Agnès B. pense que la qualité du temps passé avec ses enfants est plus importante que la quantité.
4. Jacques M. a des filles jumelles.
5. Les filles de Jacques M. préféreraient que leur père soit plus présent.
6. Jacque M. emmène ses filles souvent en vacances.
7. Évelyne P. a plus de temps libre maintenant qu'autrefois.
8. Évelyne P. emmène ses enfants à l'école.
9. Évelyne P. se sent coupable de ne pas passer assez de temps avec ses enfants.
10. Les enfants d'Évelyne P. semblent malheureux.

B. Des Parents témoignent. Ecoutez une dernière fois la bande et résumez la situation familiales des trois parents, Agnès B., Jacques M., et Évelyne P. (leur problème, la solution, et leurs sentiments).

C. Faites le bon choix. Choisissez l'expression qui convient le mieux dans les phrases suivantes. Faites les changements nécessaires.

déranger   reprocher   mondain
coupable   souriant

1. Les parents se sentent _____ quand ils ne peuvent pas passer beaucoup de temps avec leurs enfants.
2. Un enfant heureux a le visage _____.
3. Les enfants _____-ils à leurs parents leur absence?
4. Les parents n'aiment pas que leurs enfants les _____ lorsqu'ils sont occupés.
5. Les dîners _____ sont souvent ennuyeux.

D. Antonymes. Faites correspondre le contraire des mots de la colonne de gauche avec celle de droite.

1. accaparer   a. interrompre
2. libre   b. innocence
3. culpabilité   c. vide
4. renouer   d. libérer
5. plein   e. occupé

E. Sujets de discussion. Répondez aux questions suivantes en donnant une justification.

1. Pourquoi les parents qui travaillent se sentent-ils coupables vis-à-vis de leurs enfants?
2. Cette culpabilité touche-t-elle uniquement les femmes?
3. Est-ce que vos parents travaillent? Est-ce que cela vous dérange? Préféreriez-vous que vos parents travaillent (ou ne travaillent pas)? Pourquoi?
4. Que font les parents pour se faire pardonner leur absence?
5. Est-il possible de mener une vie équilibrée quand on a une famille et une carrière à mener?
6. La qualité du temps consacré aux enfants est-elle plus importante que la quantité?
7. Seriez-vous prêt(e) à renoncer à votre vie professionnelle pour protéger votre vie familiale?
8. Les enfants sont-ils trop gâtés (spoiled) aujourd'hui?

F. Communication pratique. Mettez-vous par petits groupes et dites ce que vous pensez au sujet des questions suivantes. Puis faites-en le compte-rendu à la classe.

1. La culpabilité des parents qui travaillent est-elle justifiée?
2. La télé compense-t-elle l'absence des parents?

G. Sujets de débats. Formez des groupes de quatre personnes pour débattre les questions suivantes. Dans chaque débat deux personnes répondront négativement et deux personnes répondront affirmativement.

1. Les enfants sont mieux élevés (brought up) aujourd'hui.
2. Les mères de famille devraient travailler à mi-temps.

H. Sujets de composition.

1. Comment la vie familiale a-t-elle été bouleversée par les parents qui travaillent?
2. Comment la situation familiale peut-elle forger le caractère des enfants?

9

Les Problèmes sociaux en France

La France est-elle malade? Si l'on analyse les graves problèmes auxquels est con-
frontée la société française en pleine mutation, il est difficile de ne pas percevoir
le profond malaise qu'elle vit. Il paraît urgent de trouver des solutions aux drames
humains qu'engendrent le chômage, l'immigration et la misère.

Les textes suivants nous permettent de mieux comprendre la crise actuelle en
France.

VOCABULAIRE THÉMATIQUE: SERVEZ-VOUS

LES PROBLÈMES SOCIAUX

le logement	housing
l'immigration (légale, illégale)	(legal, illegal) immigration
le chômage	unemployment
être au chômage (être sans emploi)	to be unemployed
le licenciement	a layoff, firing
la compression de travail	downsizing
licencier	to lay off, to fire
la misère	poverty
la mendicité	begging, panhandling
la délinquance	delinquency

LES EXCLUS (SOCIAL OUTCASTS)

le chômeur(euse)	unemployed person
SDF: sans domicile fixe	
(le sans-logis) (le sans-abris)	homeless person
l'immigré(e)	immigrant
le clochard	hobo, tramp
le fraudeur	swindler
le bon à rien	good-for-nothing
être en situation irrégulière	to not have legal status
être désespéré(e)	to be (feel) hopeless

LA SOCIÉTÉ

la société multiculturelle	multicultural society
la xénophobie	xenophobia
l'extrême-droite (f.)	the far right
l'extrême-gauche (f.)	the far left
faire des lois	to pass laws
appliquer la loi	to enforce the law
interdire	to forbid

LE TRAVAIL

le travail à plein temps (à mi-temps)	full-time (half-time) work
être à l'abri de	to be protected from
se reconvertir	to retrain oneself
repartir de zéro	to start from scratch, to start over
l'usine (f.)	factory

L'AIDE HUMANITAIRE

la Croix Rouge	*the Red Cross*
l'Armée du salut	*the Salvation Army*
Médecins sans frontières	*Doctors without borders*

TEXTE 1   Immigration clandestine

AVANT DE LIRE

A. Qu'en pensez-vous? Un immigré clandestin est un immigré illégal. De nombreux gouvernements luttent aujourd'hui contre l'immigration clandestine pour plusieurs raisons. Classez-les par ordre de priorité.

- ☐ en raison de la crise économique
- ☐ pour lutter contre la criminalité
- ☐ pour éviter l'immigration massive
- ☐ par manque de générosité
- ☐ par xénophobie
- ☐ pour assurer la sécurité du pays
- ☐ parce qu'ils n'ont pas les moyens d'accueillir les nouveaux venus

B. Qu'en pensez-vous? Les immigrés illégaux en France sont-ils en majorité originaires

- ☐ d'Europe?
- ☐ des États-Unis?
- ☐ d'Afrique?

C. La Famille des mots. Donnez l'infinitif des noms suivants et employez-le dans une phrase.

1. accueil
2. gagnant
3. sommeil
4. preuve
5. vol
6. fraude

D. Le savez-vous? Quelle est la différence entre un immigré et un immigré clandestin? Choisissez la réponse correcte.

Un immigré clandestin:

1. a. a un passeport en règle
   b. a un passeport douteux

2. a. a une photocopie de titre de séjour
   b. a une carte de séjour *(green card)*

3. a. a des fiches de paie approximatives
   b. a de vraies fiches de paie

4. a. est en règle avec la loi
   b. a de faux papiers

5. a. a un billet de retour égaré (perdu)
   b. a un billet de retour valable

6. a. est un homme honnête
   b. est un fraudeur

E. Le savez-vous? Faites correspondre les éléments des deux colonnes.

1. La police des frontières
2. Un contrôleur doit être vigilant
3. Un immigré clandestin
4. Appliquer la loi

a. achète, vole ou maquille son passeport.
b. est un enfer pour la police des frontières.
c. pour repérer les fraudeurs.
d. lutte contre les candidats à l'immigration illégale.

Immigration clandestine

tableau — Six heures trente. L'aéroport Roissy[1] sommeille encore. Plus pour longtemps. Sur le *panneau*
l'avion — des arrivées, *le vol* de Bamako[2] est annoncé. Dans le petit bureau de la Police de l'air et des
douteuses — frontières, la PAF, on sait ce que cela signifie: passeports douteux, photocopies *troubles* de
Discussions — titres de séjour, fiches de paie approximatives, billets de retour égarés. *Palabres*, explications
sans fin. Des cris, des pleurs… la routine.

habillé d'un costume — Et ce matin-là, comme tous les autres, le même scénario se reproduit. Cravaté, *encos-* 5
queue — *tumé,* un Malien change discrètement de *file* au contrôle des passeports. Il cherche le *fonc-*
ici: policier / exigeant — *tionnaire* le moins *pointilleux,* et finit par choisir une femme. Perdu. Il y a longtemps qu'elle
jeu / fait un gran sourire — a repéré son *manège.* Le passager tend son passeport français et *se fend d'un large sourire.*
Sa main tremble légèrement. Simple coup d'œil sur la photo:

—«Mais, ce n'est pas vous?» 10

---

[1] l'aéroport Charles de Gaulle, situé à Roissy, au nord de Paris
[2] la capitale du Mali, un pays africain

—«Si, j'étais jeune. Je vous assure, c'est moi.» La femme policier ne perd pas de temps. C'est le faux le plus *grossier*. Pas le plus rare. On *tente* de *franchir* la frontière avec un passe- — *ici: visible / essaye / passer*
port volé, ou acheté, sans même chercher à le maquiller. En jouant simplement sur la cer-
15 titude que, pour un Blanc, tous les Noirs se ressemblent. Ça ne marche jamais. Mais il est
difficile d'*appliquer* la loi. C'est un enfer administratif au quotidien. Entre les faux papiers,
les demandes d'asile politique, les refus de réembarquer et les situations irrégulières, les
fonctionnaires de la PAF ne savent plus à quelle procédure *se vouer*. Parce que les fraudeurs — *appliquer*
connaissent bien les circuits. Ils savent que, en jouant avec le temps, en insistant un peu, ils
20 seront gagnants et resteront en France. Pour commencer beaucoup se débarrassent de
leur *titre de transport* et de leurs papiers d'identité dans l'avion. Arrivés à Roissy, ils *traînent* — *billet / hésitent*
un peu avant de se présenter au contrôle de police. Si bien que personne ne sait plus qui
ils sont ni d'où ils viennent. Alors que faire de ces zombis, de ces «non-personnes»?

L'autre matin, les policiers étaient persuadés d'avoir déterminé la nationalité d'un
25 Africain et ont appelé son consulat pour notifier l'expulsion et le retour au pays. La réponse
a été *nette:* — *claire*

—«Il possède des papiers d'identité?»

—«Non.»

—«Alors, tant que nous n'aurons pas de preuve, nous ne l'accueillerons pas sur notre
30 territoire. Inutile de l'envoyer.»

Sur cinq personnes *interpellées* en situation irrégulière, une seule est effectivement — *arrêtées*
éloignée. En France 40 % des cartes de séjour sont fausses. L'ouverture des frontières en — *renvoyée dans son pays*
Europe facilite la tâche des candidats à l'immigration.

Adapté de Figaro Magazine.

FAISONS LE POINT!

A. Faites le bon choix. Choisissez l'expression qui convient le mieux dans les phrases suivantes. Faites les changements nécessaires.

accueillir	carte de séjour	franchir
appliquer la loi	tenter	

1. Le devoir de la police est de _____.
2. Beaucoup d'étrangers _____ de venir en France sans carte de séjour.
3. En France 40 % des _____ sont fausses.
4. Pour _____ la frontière un immigré clandestin croit qu'il suffit de bien s'habiller.
5. Les Français ne _____ pas toujours les étrangers chaleureusement.

B. Antonymes. Faites correspondre le contraire des de la colonne de gauche avec celle de droite.

1. trouble
2. enfer
3. grossier
4. gagnant
5. traîner

a. paradis
b. fin
c. clair
d. se dépêcher
e. perdant

C. Questions sur la lecture. Répondez aux questions suivantes en donnant une justification.

1. Que fait-on à six heures du matin à l'aéroport de Roissy?
2. Quelle est la capitale du Mali?
3. Qu'est-ce que la PAF?
4. Comment est habillé le Malien? Pourquoi?
5. Pourquoi change-t-il de file au contrôle?
6. Pourquoi sa main tremble-t-elle?
7. Quelle est la certitude des immigrés clandestins africains?
8. Pourquoi les fonctionnaires de la police sont-ils inquiets?
9. Que font les immigrés clandestins à leur arrivée?
10. Combien de clandestins sont refoulés (turned back) dans leur pays?

D. Sujets de discussion. Répondez aux questions suivantes en donnant une justification.

1. Quel est le rôle de la police de l'air et des frontières?
2. Pourquoi les immigrés clandestins viennent-ils en France?
3. Quels stratagèmes utilisent-ils pour rester en France?
4. Est-il facile d'appliquer la loi? Pourquoi?
5. Est-ce que l'Europe va faciliter la tâche de la police des frontières?
6. Existe-t-il le même problème aux États-Unis? au Canada? Comment le gouvernement réagit-il?
7. Quelle est l'attitude des pays d'origine des immigrés clandestins?
8. Est-ce que le problème va s'accroître (to increase) dans le monde? Pourquoi?
9. Quelles solutions suggérez-vous?

E. Communication pratique. Mettez-vous par petits groupes et dites ce que vous pensez au sujet des questions suivantes. Puis faites-en le compte-rendu à la classe.

1. Que pensez-vous de l'immigration illégale?
2. Quelles sont les conséquences de l'immigration illégale?

F. Sujets de débats. Formez des groupes de quatre personnes pour débattre les questions suivantes. Dans chaque débat deux personnes répondront négativement et deux personnes répondront affirmativement.

1. Les gouvernements devraient limiter (ou interdire) l'immigration.
2. La police des frontières est inefficace.

G. Sujets de composition.

1. Pensez-vous que l'immigration illégale risque de favoriser la montée de l'extrême-droite ou de la xénophobie?
2. A votre avis, une société multi-culturelle peut-elle menacer l'identité d'une nation?

TEXTE 2   # Portrait d'un chômeur

AVANT DE LIRE

A. Qu'en pensez-vous? Il y aura bientôt près de cinq millions de chômeurs en France. Le chômage est donc la préoccupation majeure du gouvernement. Essayons d'analyser les causes de ce grave problème. A votre avis quelles sont les causes du chômage? Classez-les par ordre de priorité et justifiez.

- ☐ une mauvaise politique *(policy)* de l'emploi
- ☐ le manque de qualification des employés
- ☐ la concurrence étrangère
- ☐ le coût élevé de la main d'œuvre
- ☐ la robotisation des entreprises et la compression du personnel
- ☐ la délocalisation *(relocation)* des entreprises
- ☐ le souci de la rentabilité *(profits)* des entreprises
- ☐ le manque de dynamisme de l'économie
- ☐ la politique d'immigration

B. La Perception du chômage. A votre avis comment le chômage est-il vécu par un chômeur? Choisissez les réponses qui vous paraissent vraisemblables.

1. a. avec fierté
   b. avec un sentiment de honte

2. a. avec espoir
   b. avec angoisse

3. a. avec un sentiment de rébellion
   b. avec un sentiment de résignation

C. La Famille des mots. Quel nom correspond aux infinitifs suivants?

1. licencier
2. restructurer
3. se reconvertir
4. exclure

D. Synonymes. Faites correspondre l'expression équivalente de la colonne de gauche avec celle de droite.

1. oisiveté
2. compression
3. se soucier de
4. destin
5. gamin
6. sans crier gare

a. brusquement
b. s'inquiéter de
c. enfant
d. inaction
e. réduction
f. fatalité

E. Trouvez l'erreur. «Entretien avec un employeur». Corrigez les mots en caractères gras à l'aide d'un antonyme.

—Bonjour Monsieur. Je voudrais connaître vos critères de sélection lorsque vous recrutez un candidat.

—Ils sont très clairs: je recherche des gens **sans qualifications, inexpérimentés, timides, paresseux** et **passifs,** en un mot **incompétents.**

—Quelque soit leur âge?

—L'idéal est évidemment d'employer des gens dans la force de l'âge, c'est-à-dire de **quarante-cinq ans à soixante-cinq ans.**

—Je vois, je vous remercie.

Portrait d'un chômeur

ne faisait rien — C'était il y a longtemps. Au gamin qui *se la coulait douce* à l'école les parents disaient: «Tu finiras chômeur!» Dans l'esprit de l'époque, le chômage était l'antichambre du crime. L'oisiveté, disait le proverbe, est mère de tous les vices. Le chômeur n'était qu'un bon à rien

négligeait — qui *manquait à* la mission première de l'homme: nourrir honnêtement sa famille. C'était il

change — y a quarante ans, avant que tout *bascule.* Il y avait moins de 80.000 sans emploi. 5

Aujourd'hui, il y a ceux qui ont un job et ceux qui n'en ont pas. Il est recommandé aux

ne pas en être fiers / ne — premiers de *n'en tirer aucune vanité:* ils savent bien qu'ils *sont en sursis.* Leur destin ne leur

sont pas en sécurité — appartient pas. Une usine qui ferme, un licenciement massif, qui s'en soucie? Quelques lignes dans les journaux, et encore. Les diplômes, l'expérience, le courage, l'audace, la jeunesse, la volonté: plus rien ne met à l'abri du grand toboggan. 10

On a inventé des mots pour ça: compression de personnel, restructuration…que sais-je encore? C'est peut-être par psychologie. L'angoisse s'installe. Il faut se reconvertir, repartir de zéro. Facile à dire.

devient un problème — Soudain votre âge *vous tombe dessus* sans crier gare. Trop jeune ou trop vieux selon les cas. Trop jeune: pas d'expérience. Trop vieux: trop cher, trop compétent. Vous parlez d'une 15 excuse! C'est le moment où l'on se met à éviter le regard de ses enfants, celui de sa femme, de ses amis, où l'on a honte de rester à la maison. Plus le courage de faire semblant devant les autres. Les robots remplacent les hommes. Le savoir-faire est une valeur en baisse. Le chômeur se demande s'il n'est pas une victime du progrès.

20   En vingt années, des gouvernements de toutes les couleurs ont conçu dix-sept plans anti-chômage avec le succès que l'on voit. La faute à qui, la faute à quoi? Allez vous rebeller contre la *conjoncture,* la crise, cinq millions d'exclus attendent que ça change. Ils attendent Godot.[1]   *situation économique*

Adapté de l'Express.

FAISONS LE POINT!

A. **Faites le bon choix.** Choisissez l'expression qui convient le mieux dans les phrases suivantes. Faites les changements nécessaires.

licenciement	mettre à l'abri	repartir à zéro
oisiveté	chômeur	se soucier
compression	usine	destin
sans crier gare		

1. _____ est vécu comme un drame en France.
2. Le nombre de _____ s'accroît de plus en plus en France.
3. Certaines _____ sont obligées de fermer à cause de la crise.
4. _____ peut conduire à la délinquance.
5. La jeunesse et les diplômes ne peuvent plus vous _____ du chômage en France.
6. L'état _____ de la crise économique.
7. Quand on a 50 ans il est difficile de _____.
8. La robotisation entraîne souvent la _____ du personnel.
9. On ne peut pas toujours contrôler son _____.
10. La mort arrive souvent _____.

B. **Questions sur la lecture.** Répondez aux questions suivantes en donnant une justification.

1. Qui devenait chômeur autrefois en France?
2. Que reprochait-on au chômeur à cette époque?
3. Combien de chômeurs y avait-il en France dans les années 50?
4. Combien de chômeurs y a-t-il aujourd'hui en France?
5. Peut-on se mettre à l'abri du chômage aujourd'hui?
6. Est-il facile de retrouver un emploi?
7. Que reproche-t-on aux jeunes qui cherchent un emploi?
8. Peut-on se flatter d'avoir un emploi aujourd'hui en France?
9. Les plans anti-chômage ont-ils réussi? Pour quelles raisons?
10. Qui est Godot? Que veut dire la phrase : «Ils attendent Godot»?

[1] Godot est le nom d'un personnage qu'on attend mais qui n'arrive pas dans la pièce de théâtre, *En attendant Godot,* par Samuel Beckett.

C. Sujets de discussion. Répondez aux questions suivantes en donnant une justification.

1. Pensez-vous que l'oisiveté soit la mère de tous les vices?
2. Quelle est la situation de l'emploi en France aujourd'hui? aux États-Unis? au Canada?
3. Est-on sûr de trouver un emploi lorsque l'on est diplômé et jeune?
4. Que représente le chômage pour une personne? Quelles sont les conséquences du chômage?
5. Qui est responsable du chômage?
6. Pensez-vous que le travail à mi-temps pour les femmes diminuerait le taux de chômage?
7. Seriez-vous prêt(e) à accepter une baisse de salaire pour sauver les emplois dans votre entreprise?
8. Quelle est la durée idéale du travail par semaine?

D. Communication pratique. Mettez-vous par petits groupes et dites ce que vous pensez au sujet des questions suivantes. Puis faites-en le compte-rendu à la classe.

1. Pourriez-vous vivre sans travailler? Quelle est la valeur du travail?
2. Quels sont les moyens de réduire le taux de chômage?

E. Sujets de débats. Formez des groupes de quatre personnes pour débattre les questions suivantes. Dans chaque débat deux personnes répondront négativement et deux personnes répondront affirmativement.

1. Les chômeurs sont les victimes du progrès.
2. Êtes-vous angoissés par le chômage?

F. Sujets de composition.

1. Le travail manuel est-il déshonorant?
2. Quel emploi aimeriez-vous avoir? Pour quelles raisons?

TEXTE 3 **A L'ÉCOUTE: Comment oublier la misère?**

AVANT D'ÉCOUTER

Il est paradoxal de parler de misère dans un pays riche. Cependant, les sans-abris (les sans-logis), les personnes qui n'ont pas de domicile fixe, sont une réalité en France.

A. Qu'en pensez-vous? Choisissez la réponse qui vous semble appropriée.

1. Qui vit dans la misère en France aujourd'hui?
   a. le Français moyen
   b. le bourgeois
   c. le sans-abri

2. Qui doit aider les pauvres?
   a. le gouvernement
   b. tout le monde
   c. les riches

3. Pourquoi faut-il aider les pauvres?
    a. pour des raisons humanitaires
    b. par égoïsme
    c. par indifférence

4. Les pauvres sont-ils responsables de leur situation?
    a. oui
    b. non
    c. en partie

5. Qu'éprouvez-vous pour les sans-abris?
    a. du mépris
    b. de la compassion
    c. de l'indifférence

B. **Antonymes.** Faites correspondre le contraire des mots de la colonne de gauche avec celle de droite.

1. pauvreté   a. meilleur
2. s'épanouir   b. espoir
3. pire   c. crever
4. désespoir   d. richesse

C. **La Famille des mots.** Donnez l'adjectif des noms suivants et employez-le dans une phrase.

1. la pauvreté
2. le désespoir
3. l'alliance (f.)
4. la victoire
5. le tremblement
6. la misère

D. **Le savez-vous?** Faites correspondre les éléments des deux colonnes.

1. Une personne perd sa dignité   a. une organisation humanitaire.
2. L'Armée du Salut est   b. lorsque rien n'est fait pour aider les exclus.
3. Une démocratie est en danger   c. insupportable dans un pays riche.
4. La misère des exclus est   d. lorsqu'elle vit dans la rue.

 **Comment oublier la misère?**

diminuer   L'Abbé Pierre a consacré sa vie à aider à *soulager* la misère des hommes partout où elle existait. Aujourd'hui encore, malgré son âge, il se bat toujours pour défendre les exclus de notre société et particulièrement les sans-abris afin de leur redonner la dignité qu'ils ont perdue.

Voici un entretien de L'Abbé Pierre avec un journaliste du Nouvel Observateur. Lisez d'abord les expressions utiles suivantes. Ensuite ecoutez la bande sonore. Puis lisez l'exercise Vrai ou faux et après une deuxième écoute, répondez aux questions.

Expressions utiles

cacher	dissimuler, déguiser
compter faire	avoir l'intention de faire
Le Droit au logement	organisme qui aide les sans-abris à se loger
Les Médecins du monde	organisme médical humanitaire

FAISONS LE POINT!

A. Vrai ou faux? Lisez les phrases suivantes et corrigez celles qui contiennent une erreur.

1. Les gens sont sensibles à la misère en France.
2. Le bien-être de la minorité cache la misère de la majorité.
3. Les médias ont un rôle à jouer dans le combat de la misère.
4. La démocratie est menacée par la misère.
5. Hitler a pris le pouvoir par les armes.
6. Le Pen est communiste.
7. On ne doit pas aider les pays gagnés par *(taken over by)* la famine.
8. Il y a mille sans-logis en France.
9. L'Abbé Pierre est jeune.
10. L'Armée du Salut lutte contre la pauvreté.

B. Faites le bon choix. Choisissez l'expression qui convient le mieux dans les phrases suivantes. Faites les changements nécessaires.

logement	compter faire	sans-logis
tremblement de terre	usé	

1. L'Abbé Pierre veut savoir ce que le gouvernement _____ pour aider les sans-abris.
2. _____ est une catastrophe naturelle.
3. _____ vivent dans la rue.
4. Les riches ne portent pas de vêtements _____.
5. _____ sont chers dans les grandes villes.

C. Antonymes. Faites correspondre le contraire des mots de la colonne de gauche avec celle de droite.

1. misère	a. adversaire
2. victoire	b. défaite
3. insupportable	c. révéler
4. allié	d. tolérable
5. cacher	e. bien-être

D. Sujets de discussion. Répondez aux questions suivantes en donnant une justification.

1. Pourquoi est-ce un drame d'être sans-logis?
2. Quelle différence y a-t-il entre un clochard et un sans-logis? Pour qui est-ce un choix?
3. Y a-t-il des sans-logis dans votre pays? Pourquoi cela est-il scandaleux? Qui est responsable?
4. Quels organismes aident les pauvres en France? aux États-Unis? au Canada?
5. Les pays riches devraient-ils aider les pays pauvres? Lesquels? Pour quelles raisons?
6. Vous sentez-vous concerné(e) par ce problème?
7. Est-ce que la mendicité vous met mal à l'aise?
8. Quel rôle peuvent jouer les média?

E. Communication pratique. Mettez-vous par petits groupes et dites ce que vous pensez au sujet des questions suivantes. Puis faites-en le compte-rendu à la classe.

1. En quoi la vie d'un sans-abri est-elle un enfer?
2. Que feriez-vous pour améliorer le sort des pauvres?

F. Sujets de débats. Formez des groupes de quatre personnes pour débattre les questions suivantes. Dans chaque débat deux personnes répondront négativement et deux personnes répondront affirmativement.

1. Les sans-logis sont responsables de leur situation.
2. Il vaut mieux être heureux que riche.

G. Sujets de composition.

1. Aimeriez-vous travailler pour une cause humanitaire?
2. Commentez le proverbe «Charité bien ordonnée commence par soi-même».

10

Éducation et formation

Le système de l'éducation est national en France. Dans le cas d'une scolarité nor-
male, l'enfant entre à l'école à six ans et en sort à dix-huit ans après avoir passé
le baccalauréat. Le bac est indispensable pour poursuivre des études supérieures
à l'université ou dans des Grandes Écoles.

   L'école est obligatoire jusqu'à 16 ans. L'Éducation nationale a de sérieuses difficultés pour lutter contre l'échec scolaire. Les textes suivants ont pour but de
nous éclairer sur les problèmes que rencontrent les élèves.

VOCABULAIRE THÉMATIQUE: SERVEZ-VOUS

L'ÉCOLE ET LES ÉTUDES

passer un examen (le bac)	to take an exam (baccalaureate exam)
la réussite scolaire	academic success
réussir à un examen	to pass an exam
l'échec scolaire (m.)	academic failure
échouer à l'école	to fail at school
redoublement (m.)	repeating a grade
s'inscrire dans une école	to enroll at a school
se débrouiller	to manage, to get by
penser par soi-même	to think for oneself
bâcler ses devoirs	to botch one's homework
la rentrée scolaire	beginning of the new school year
faire le procès de l'école	to criticize the school system
les résultats scolaires (m.)	grades

LES PERSONNES CONCERNÉES

l'élève (m., f.)	student (up to the baccalaureate exam)
l'étudiant(e)	student (in higher education)
l'enseignant(e)	teacher
l'instituteur(-trice)	primary school teacher
le professeur	secondary school teacher, university professor

LES PROBLÈMES SCOLAIRES

être mal dans sa peau	to be mixed up, unhappy
se battre	to struggle
être livré à soi-même	to be left to oneself
brimer	to pick on, to bully
gérer un problème	to handle (deal with) a problem
la détresse	distress
l'angoisse (f.)	anxiety
les problèmes affectifs (m.)	emotional problems
caractériel(le)	problem child
être déséquilibré(e)	to be unbalanced

LE SYSTÈME SCOLAIRE EN FRANCE

École primaire

6 ans: cours préparatoire	*1st grade*
7 ans: cours élémentaire 1ère année	*2nd grade*
8 ans: cours élémentaire 2ème année	*3rd grade*
9 ans: cours moyen 1ère année	*4th grade*
10 ans: cours moyen 2ème année	*5th grade*

École secondaire (premier cycle: collège)

11 ans: 6ème	*6th grade*
12 ans: 5ème	*7th grade*
13 ans: 4ème	*8th grade*
14 ans: 3ème	*9th grade*

École secondaire (deuxième cycle: lycée)

15 ans: seconde	*10th grade*
16 ans: première	*11th grade*
17 ans: terminale	*12th grade*

En Terminale les élèves préparent le baccalauréat. Il y a trois séries: L = littéraire, S = scientifique, et ES = économique et social.

TEXTE 1   Le Procès de l'école

AVANT DE LIRE

A. Qu'en pensez-vous. «Faire le procès de l'école» c'est la critiquer. Pour comprendre le malaise de l'école, interrogeons-nous sur la nature du problème. Choisissez les réponses qui vous semblent appropriées.

1. Quel est le rôle de l'école?
   a. instruire et promouvoir la culture
   b. être une garderie *(day care)*

2. Que critiquent les professeurs?
   a. la paresse intellectuelle de leurs élèves et leur passivité
   b. la longueur des vacances scolaires

3. Qu'est-ce que la démagogie?
   a. penser que tous les élèves sont capables de réussir
   b. reconnaître que les aptitudes scolaires ne sont pas les mêmes pour tous

4. Pourquoi certains élèves ont-ils des difficultés scolaires?
   a. parce qu'ils ont trop d'activités para-scolaires
   b. parce qu'ils étudient trop

5. Pensez-vous que
   a. l'école est ennuyeuse?
   b. l'école enrichit et développe l'esprit critique?

B. La Famille des mots. Le suffixe **-in** exprime le contraire. Retrouvez le radical et trouvez l'adjectif correspondant des mots suivants.

Modèle: inaptitude: **aptitude, apte**

1. inégalité
2. indiscipline
3. incapacité

C. La Famille des mots. Recherchez l'infinitif et le nom des adjectifs suivants.

1. inscrit
2. assuré
3. confié
4. dispersé
5. élevé

D. L'Expression juste. Complétez le paragraphe suivant à l'aide des mots de liaison suivants.

d'autre part   en effet   cependant   à l'inverse

Aujourd'hui, les jeunes, _____ de leurs parents à leur âge, sont plus réalistes. _____, ils réussissent moins bien à l'école. _____, comme leurs parents travaillent tous les deux, ils sont souvent livrés à eux-mêmes. _____ les nombreuses activités para-scolaires les empêchent d'étudier sérieusement.

Le Procès de l'école

Avant la fin des années 60 l'éducation se faisait à la maison, l'instruction à l'école. Les élèves étaient plus disciplinés et mieux structurés. Aujourd'hui, leurs parents travaillent tous les deux et ils n'ont plus le temps de s'en occuper. Les enfants ont une vie dispersée. Leurs activités extra-scolaires se multiplient. Ils font du judo, de la danse, du piano et regardent la télé. Alors les devoirs sont bâclés, les leçons mal apprises, etc. Les professeurs ont du mal à accepter la paresse intellectuelle de leurs élèves et leur inaptitude à l'effort. A cela s'ajoutent les détresses psychologiques et affectives des jeunes de plus en plus livrés à eux-mêmes. Comment l'école peut-elle *gérer* tous ces problèmes, elle dont la fonction principale est de structurer l'intelligence et de promouvoir la culture?

résoudre

Le Bac, l'obsession nationale

10 La situation s'est encore aggravée lorsque le ministre de l'éducation nationale a décidé qu'il
fallait mener 80 % d'une *tranche d'âge* au niveau du bac d'ici l'an 2000, quelles que soient
leurs aptitudes.—*A titre de comparaison* le taux de réussite était de 5 % en 1930 et 30 %
en 1960—*Démagogie oblige!* Le bac est alors devenu l'obsession des parents. Désormais la
guerre est déclarée entre les profs et les parents pour atteindre cet objectif. D'un côté
15 l'enseignant mal dans sa peau et dans son salaire, et de l'autre, le parent culpabilisé de ne
pas consacrer assez de temps à son enfant.

    D'autant que la sélection au lycée est *impitoyable*. C'est un véritable parcours d'obstacles
de la 6ème à la Terminale. L'élève dont les résultats scolaires sont jugés insuffisants—principalement en mathématiques, le critère de sélection—*redoute* sans cesse le redoublement
20 ou l'orientation vers l'enseignement technique[1].

(margin: élèves nés la même année / Pour comparer / Par démagogie / Surtout parce que / sans pitié / craint)

L'Héritage du siècle des lumières

Alors les parents bien informés se battent comme ils le peuvent. Ils choisissent le «bon»
lycée, celui où le taux de réussite au bac est le plus élevé, la «bonne» classe qui offre des
options rares (russe, chinois…). Ils savent qu'un «bon» élève inscrit dans une «bonne»
classe confiée à un enseignant *confirmé* a plus de chances de devenir meilleur élève. A l'in-
25 verse dans une classe «moyenne», l'élève médiocre risque de régresser un peu plus. L'école
tend ainsi à reproduire les inégalités: Environ 80 % des enfants d'enseignants réussissent au
bac contre 20 % des enfants *d'ouvriers non qualifiés*.

    De toute évidence l'école française doit changer mais il faut reconnaître qu'elle est
encore la moins mauvaise chose. Elle demeure, en effet, la seule institution, accessible à tous,
30 qui perpétue l'héritage du «*siècle des lumières*» en assurant aux jeunes un esprit critique et
une culture générale nécessaires pour lutter contre l'*obscurantisme* et s'adapter à notre
société.

(margin: expérimenté / employés sans diplômes / le 18e siècle / ignorance)

Josette Penso

FAISONS LE POINT!

A. Faites le bon choix. Choisissez l'expression qui convient le mieux dans les phrases suivantes. Faites les changements nécessaires.

promouvoir	se battre	impitoyable
livré à lui-même	mal dans sa peau	

1. Pour réussir un jeune doit avoir le courage de _____ .
2. La sélection est _____ dans l'école française.
3. L'enfant se sent _____ lorsqu'il a de mauvais résultats scolaires.
4. Un jeune _____ est malheureux.
5. L'école a pour mission de _____ la culture.

[1] Les élèves peuvent être orientés vers l'enseignement technique à la fin de la cinquième ou troisième pour suivre un enseignement professionnel.

B. Synonymes. Faites correspondre l'expression équivalente de la colonne de gauche avec celle de droite.

1. redouter	a. haut
2. gérer	b. résoudre
3. élevé	c. angoisse
4. professeur	d. craindre
5. détresse	e. enseignant

C. Questions sur la lecture. Répondez aux questions suivantes en donnant une justification.

1. Quelle était la fonction de l'école avant les années 60?
2. Pourquoi les élèves bâclent-ils leurs devoirs aujourd'hui?
3. Pourquoi les professeurs sont-ils démoralisés?
4. Quelle est la véritable fonction de l'école?
5. Pourquoi la situation s'est-elle aggravée?
6. Quel était le taux de réussite au bac en 1930? Quel sera le pourcentage de réussite en l'an 2000?
7. Quelle est l'obsession des parents?
8. Que se passe-t-il lorsque l'élève a des résultats insuffisants (surtout en maths)?
9. Qu'est-ce qu'un «bon» lycée offre aux élèves?
10. Contre quoi l'école se bat-elle?

D. Sujets de discussion. Répondez aux questions suivantes en donnant une justification.

1. Pourquoi les jeunes sont-ils moins disciplinés et moins bien structurés aujourd'hui?
2. Expliquez les raisons de la crise de l'école en France; aux États-Unis; au Canada.
3. Est-ce que tous les élèves peuvent réussir à l'école?
4. Pourquoi y a-t-il une guerre entre les parents et les profs?
5. Y a-t-il une sélection impitoyable dans le système d'éducation aux États-Unis? et au Canada?
6. Qu'est-ce qu'un bon lycée? une bonne classe? Y a-t-il de bons ou mauvais lycées aux États-Unis? au Canada?
7. Comment l'école peut-elle reproduire les inégalités?
8. Pourquoi l'école française est-elle la «moins mauvaise chose»?
9. Qu'est-ce que le siècle des lumières?
10. Aimeriez-vous devenir professeur?

E. Communication pratique. Mettez-vous par petits groupes et dites ce que vous pensez au sujet des questions suivantes. Puis faites-en le compte-rendu à la classe.

1. Quelle est la fonction principale de l'école?
2. L'école apprend-elle à penser par soi-même?

F. Sujets de débats. Formez des groupes de quatre personnes pour débattre les questions suivantes. Dans chaque débat deux personnes répondront négativement et deux personnes répondront affirmativement.

1. L'école reproduit-elle les inégalités sociales?
2. L'école prépare bien au monde du travail.

G. Sujets de composition.

1. Discutez cette affirmation de Montaigne: «Il vaut mieux avoir une tête bien faite qu'une tête bien pleine». (bien faite = intelligente; bien pleine = une encyclopédie)
2. Quelle serait pour vous l'école idéale?

TEXTE 2   # Les Ados en miettes

AVANT DE LIRE

A. Qu'en pensez-vous? Être en miettes ou en morceaux (morcelés) c'est être brisé. Aujourd'hui les ados (adolescents de 12 à 18 ans) sont très fragiles et mal dans leur peau. A votre avis comment expliquez-vous ce malaise? Choisissez les réponses qui vous semblent les plus appropriées.

1. Les jeunes sont en miettes
   a. parce que, souvent, leurs parents sont absents.
   b. parce qu'ils ont une personnalité très solide.

2. La vie des jeunes aujourd'hui est
   a. plus facile que celle de leurs parents à leur âge.
   b. plus difficile que celle de leurs parents à leur âge.

3. Les jeunes aujourd'hui sont
   a. plus lucides que leurs parents au même âge.
   b. plus idéalistes que leurs parents au même âge.

4. Les jeunes
   a. ont une image négative de la société.
   b. ont une image négative d'eux-mêmes.

B. Synonymes. Faites correspondre l'expression équivalente de la colonne de gauche avec celle de droite.

1. brimer	a. conseiller
2. prêcher	b. passer
3. réaliser	c. opprimer
4. en vouloir à	d. faire
5. disposer	e. être en colère contre
6. suffisamment	f. avoir
7. transmettre	g. assez

C. L'Expression juste. Dans le paragraphe suivant, utilisez le verbe pronominal qui convient. Faites les changements nécessaires.

se débrouiller	se construire	se détacher
s'en sortir	s'opposer	s'effondrer
se raccrocher		

Pour devenir adulte, un adolescent doit _____ en _____ à ses parents et en _____ d'eux. Il a besoin de valeurs auxquelles _____ pour être capable de _____ dans la vie. Sinon il ne pourra pas _____ et _____ devant la première difficulté.

Les Ados en miettes

Un journaliste du *Nouvel Observateur* interroge Tony Anatrella sur le problème de la crise d'adolescence.

N.O.: Pensez-vous que les parents sont aujourd'hui trop absents?

T.A.[1]: Oui. Mais il ne s'agit pas seulement d'une absence physique, du peu de temps passé avec les enfants. Le plus *grave*, je crois, est l'absence de projet *éducatif*. Les 5
parents ne savent plus que transmettre à leurs enfants. Ces derniers doivent donc se débrouiller seuls pour trouver leurs propres valeurs. La vulgarisation de la psychanalyse, le succès de Françoise Dolto[2] ont eu des effets pervers. Certains de ses successeurs ont laissé croire que l'enfant était le seul *sujet* de son développement et que les parents devaient *se tenir à distance* pour ne pas brimer leurs petits. 10

N.O.: Quelles sont les conséquences de ce type d'absence?

T.A.: Le plus souvent, les enfants s'en sortent bien jusqu'à 14–16 ans. Et puis, au moment de la puberté, quand ils doivent se détacher de leurs parents, trouver des forces en eux-mêmes pour devenir adultes, ils risquent de s'effondrer. Comme s'ils avaient déjà *épuisé* toutes leurs ressources. Ils ne disposent pas d'images 15
parentales suffisamment solides pour se construire. Je vois souvent des jeunes, apparemment parfaitement équilibrés, des futurs *M. Dupont*, qui frappent leur mère. Ils ne peuvent plus s'opposer à des idées, des projets, alors ils deviennent violents physiquement.

N.O.: Voyez-vous de plus en plus d'adolescents sur votre *divan*? 20

T.A.: Oui, mais souvent pour des raisons différentes d'il y a vingt ans. Avant, les jeunes en voulaient à leurs parents, à la société, à la terre entière. Aujourd'hui, ils sont plus lucides et ils ont une mauvaise image d'eux-mêmes. Ils se sentent morcelés. Ils pensent qu'ils sont les seuls responsables de leur malaise. Les absences parentales favorisent ce type de personnalités. Mais ces adolescents font rarement le procès 25
de leurs parents. Ils comprennent très bien qu'ils travaillent. Ils savent que la vie est difficile. Le seul reproche qu'ils font à leur père ou à leur mère, c'est de leur avoir fait *porter* plus qu'ils ne pouvaient porter.

N.O.: Vous prêchez pour un retour de la morale, des valeurs familiales traditionnelles?

T.A.: Je ne dis pas que c'était mieux avant. Je constate. Je *me balade* beaucoup dans les 30
lycées et les collèges. Je discute avec les adolescents. Parfois, je leur fais passer des

Marginal glosses:
- sérieux / qui concerne l'éducation
- responsable
- ne pas être autoritaires
- utilisé
- un nom français courant
- sofa
- supporter
- ici: visite

---

[1] Tony Anatrella est un psychanalyste français qui a écrit *Adolescence au fil des jours* en 1991.
[2] Françoise Dolto (1908–1988) était psycho-pédiatre. Elle considérait les enfants comme «nos égaux en intelligence». Pour elle, la pédagogie devait être fondée sur la psychanalyse.

tests psychologiques. Des phrases du type: «Paul veut...» Et ils doivent compléter. Il y a vingt ans, c'était presque toujours: «Paul veut partir de chez ses parents; Paul a envie de voyager...» Aujourd'hui c'est: «Paul a envie de se marier, de vivre en
35 famille». Pourquoi? Parce qu' aujourd'hui la maison est devenue le lieu de l'invisibilité parentale. Là où il y avait présence, il y a absence.

N.O.: Voulez-vous faire revenir les femmes à la maison?

T.A.: Non. Mais, c'est vrai, les enfants ont envie de voir leurs parents à la *sortie de l'école*. On dit souvent qu'ils réussissent mieux quand leur mère travaille. J'ai réalisé   *après l'école*
40 des *enquêtes* auprès d'*une centaine* d'enfants. Les meilleurs résultats sont obtenus   *sondages / environ cent* par ceux qui ont eu une mère très présente jusqu'à huit ans. Cela fera peut-être réfléchir les parents trop absents puisque la réussite scolaire est pour eux le seul domaine qui a vraiment de l'importance. Les parents se raccrochent à cela parce qu'*ils ne savent plus eux-mêmes où ils en sont.* Je le répète, le problème majeur des   *ils sont perdus*
45 parents de la génération soixante-huitarde[3] est de n'avoir rien transmis à leurs enfants. Ce n'est pas étonnant: ces adultes-là n'ont pas encore terminé leur adolescence.

Adapté du Nouvel Observateur.

FAISONS LE POINT!

A. Faites le bon choix. Choisissez l'expression qui convient le mieux dans les phrases suivantes. Faites les changements nécessaires.

éducatif	se raccrocher à	adolescent
s'effondrer	en vouloir à	équilibré
brimer	transmettre	
suffisamment	se débrouiller	

1. Les _____ aujourd'hui doivent trouver leurs propres valeurs.
2. Les parents _____ leurs valeurs à leurs enfants.
3. Les jeunes savent que la vie est difficile; ils ne _____ pas à leurs parents.
4. Les adolescents ne peuvent pas _____ les valeurs de la génération soixante-huitarde.
5. Les parents, aujourd'hui, sont moins sévères qu'autrefois. Ils ne _____ pas leurs enfants.

[3] La génération soixante-huitarde est la génération de 1968 qui s'est révoltée en France contre les institutions.

6. Les adolescents ont du mal à vivre dans un monde où toutes les valeurs
_____.
7. Les jeunes sont plus _____ lorsqu'il y a présence parentale.
8. Les jeunes doivent _____ sans leurs parents.
9. Les jeunes ne sont pas _____ armés pour se battre dans la vie.
10. Il faut réformer le système _____.

B. Questions sur la lecture. Répondez aux questions suivantes en donnant une justification.

1. Est-ce que les parents aujourd'hui ont un projet éducatif pour leurs enfants?
2. Que doivent faire les adolescents?
3. Quel est l'effet pervers de la vulgarisation de la psychanalyse?
4. A quel âge se manifeste la crise de l'adolescence?
5. Comment expliquer la violence des adolescents?
6. Qui est responsable de leur malaise?
7. Qu'est devenue «la maison» pour eux aujourd'hui?
8. Quels jeunes réussissent le mieux à l'école?
9. Quel est le problème des parents de la génération soixante-huitarde?

C. Sujets de discussion. Répondez aux questions suivantes en donnant une justification.

1. Avez-vous souffert de l'absence parentale?
2. Pensez-vous que les parents ne doivent pas brimer leurs enfants?
3. Que doit faire l'adolescent à sa puberté?
4. Y a-t-il des jeunes Américains ou Canadiens qui battent leurs parents? Qu'en pensez-vous?
5. Expliquez le malaise que ressentent les jeunes aujourd'hui.
6. Est-ce que la génération soixante-huitarde a donné une meilleure éducation à ses enfants?
7. La psychanalyse peut-elle aider les parents à mieux comprendre leurs enfants?

D. Communication pratique. Mettez-vous par petits groupes et dites ce que vous pensez au sujet des questions suivantes. Puis faites-en le compte-rendu à la classe.

1. L'échec scolaire est-il imputable à (*due to*) l'absence parentale?
2. Quel rôle attribuez-vous à l'école et à la famille dans l'éducation d'un enfant?

E. Sujets de débats. Formez des groupes de quatre personnes pour débattre les questions suivantes. Dans chaque débat deux personnes répondront négativement et deux personnes répondront affirmativement.

1. Les parents sont trop laxistes aujourd'hui.
2. La confrontation parents-enfants est inévitable.

F. Sujets de composition.

1. Je me sens bien dans ma peau.
2. L'adolescence aujourd'hui est plus difficile à vivre qu'autrefois.

TEXTE 3 A L'ÉCOUTE: Tu seras un raté mon fils

AVANT D'ÉCOUTER

A. Qu'en pensez-vous? Rater sa vie c'est échouer. Les parents sont obsédés par la réussite de leurs enfants. Que faut-il faire pour ne pas rater sa vie? Choisissez les réponses qui vous semblent appropriées et justifiez.

- ☐ bien étudier à l'école, être performant(e) (*successful*)
- ☐ être courageux(-euse) et optimiste
- ☐ être paresseux(-euse) et se la couler douce (se laisser vivre)
- ☐ suivre les conseils de ses parents
- ☐ être passionné(e) et dynamique
- ☐ avoir confiance en soi
- ☐ être angoissé(e) et pessimiste
- ☐ avoir la volonté de se battre
- ☐ être créatif(-ive), imaginatif(-ive)
- ☐ autres raisons?

B. La Joie de la réussite. Pour quelles raisons voulez-vous réussir?

- ____ pour faire plaisir à mes parents
- ____ pour être admiré par les autres
- ____ pour être heureux et satisfait de moi-même
- ____ pour gagner de l'argent
- ____ autres raisons?

C. La Famille des mots. Retrouvez le nom à partir du verbe et employez-le dans un phrase.

1. échouer
2. réussir
3. critiquer
4. hurler (crier)
5. inscrire

D. Succès ou échec? Classez les mots suivants selon chacune des deux catégories.

gain	se débrouiller	perte	bonheur	victoire
rêve	élimination	crise	faillite	désastre
défaite	triomphe	succès	réussir	cauchemar
échouer	s'en sortir	rater	s'effondrer	malheur

🎵 Tu seras un raté mon fils

De la maternelle à Polytechnique[1] garçons et filles n'ont qu'une chose à faire: réussir! Ce n'est pas drôle d'être un enfant aujourd'hui. La preuve, c'est que d'après un sondage 40 % des enfants ont peur... non pas du loup, du noir ou de leurs cauchemars, mais du chômage.

　　Pour identifier les problèmes des enfants qui doivent réussir à l'école pour faire plaisir à leurs parents, lisez d'abord les expressions utiles suivantes. Ensuite écoutez la bande sonore. Puis lisez l'exercice Vrai ou faux et après une deuxième écoute, répondez aux questions.

Expressions utiles

le bourreau	le tyran
«Maths Assistance»	cours privés de maths
les petites vacances	les vacances de Pâques et de Noël
faire pipi au lit (expression enfantine)	salir son lit, uriner
SOS Psychiatre	conseils donnés au téléphone par un psychiatre

FAISONS LE POINT!

A. Vrai ou faux? Lisez les phrases suivantes et corrigez celles qui contiennent une erreur.

1. Quarante pour cent des enfants ont peur du loup.
2. Le papa de Victor était un bon élève.
3. Un enfant ne peut pas apprendre sans jouer.
4. Pour trouver des professeurs particuliers, il faut lire les petites annonces.
5. Les élèves suivent des cours de musique pendant les petites vacances.
6. Un gamin de sixième travaille 47,1 heures par semaine.
7. Lorsque l'enfant travaille mal à l'école ses parents consultent un psychiatre.
8. Un enfant qui ne réussit pas à l'école a peur de perdre l'amour de ses parents.
9. Les jeunes qui échouent critiquent le système.
10. Les jeunes ont fait une révolution en 1968.

B. Faites le bon choix. Choisissez l'expression qui convient le mieux dans les phrases suivantes. Faites les changements nécessaires.

cauchemar	la rentrée scolaire	inscrire
hurler	angoissé	échouer
bourreau	raté	critiquer

1. La _____ a lieu la première semaine de septembre en France.
2. Un _____ est un mauvais rêve.
3. Pour se faire entendre il faut quelquefois _____.
4. Pour ne pas devenir _____ il faut réussir à l'école.

[1]La Polytechnique est une école supérieure prestigieuse formant des ingénieurs.

5. Les jeunes ne _____ pas le système.
6. Les parents sont de vrais _____ pour leurs enfants; ils les font trop travailler.
7. Un psychiatre peut aider les personnes _____.
8. On _____ un enfant de six ans au cours préparatoire.
9. Pour ne pas _____ en classe certains élèves suivent des cours privés payants.

C. Sujets de discussion. Répondez aux questions suivantes en donnant une justification.

1. Est-il facile d'être un enfant aujourd'hui? Pourquoi?
2. Pourquoi le papa de Victor a-t-il appelé «SOS Psychiatre»?
3. Est-ce que les parents américains ou canadiens s'adressent à un psychologue ou à un psychiatre lorsque leur enfant ne réussit pas à l'école?
4. Comment l'enfant qui échoue vit-il cette situation en France? aux États-Unis? au Canada?
5. Est-ce que l'on peut apprendre en jouant?
6. Pourquoi les jeunes suivent-ils des cours particuliers?
7. La réussite peut-elle être «achetée»?
8. Quel est le rythme de travail d'un élève de sixième, de Terminale aux États-Unis? au Canada?
9. Est-ce que le rythme scolaire est adapté au rythme biologique de l'enfance?
10. Y a-t-il trop de vacances en France? aux États-Unis? au Canada?

D. Communication pratique. Mettez-vous par petits groupes et dites ce que vous pensez au sujet des questions suivantes. Puis faites-en le compte-rendu à la classe.

1. Pourquoi les jeunes sont-ils obsédés par la réussite scolaire?
2. Est-ce que les parents américains ou canadiens sont des «bourreaux d'enfants»?

E. Sujets de débats. Formez des groupes de quatre personnes pour débattre les questions suivantes. Dans chaque débat deux personnes répondront négativement et deux personnes répondront affirmativement.

1. Il faut consulter un psychiatre / psychologue lorsqu'un enfant a de mauvais résultats à l'école.
2. Il n'est pas nécessaire de réussir à l'école pour réussir dans la vie.

F. Sujets de composition.

1. Que faut-il faire pour ne pas rater sa vie?
2. Quelle est l'importance de l'éducation pour vous?

La Langue française

Pour la plupart des Français, la langue représente un élément important du patrimoine national et un aspect du rayonnement culturel de la France dans le monde. C'est la raison pour laquelle les Français sont peu favorables à toutes réformes et s'inquiètent des menaces qui pèsent sur elle.

Les textes suivants vous permettront de mieux suivre l'évolution du français à travers les âges et son avenir.

VOCABULAIRE THÉMATIQUE: SERVEZ-VOUS

LES LANGUES

la langue maternelle	native language
la langue étrangère	foreign language
la langue vivante (morte)	living (dead) language
les mots-tabou (m.)	taboo words
l'euphémisme (m.)	euphemism
exclure	to exclude
interdire	to forbid
être illettré	to be illiterate
imprimer (l'imprimerie f.)	to print (printing)

LA LANGUE EN DANGER?

la langue véhiculaire	common language
l'emprunt (m.)	borrowing
s'affranchir de	to free oneself from
débarrasser	to clear, to rid
s'enrichir	to become enriched
s'appauvrir	to become poorer, impoverished
épurer	to purify
survivre	to survive

L'INFORMATIQUE

l'ordinateur (m.)	computer
l'informatique (f.)	computer science; data processing
traduire (le traducteur[-trice], la traduction)	to translate (translator, translation)
menacer	to threaten
mutiler	to mutilate

TEXTE 1 L'Origine du français

AVANT DE LIRE

La langue est le véhicule de l'identité culturelle d'un pays. Le Français est parlé aujourd'hui par 240 millions de Francophones (440 millions parlent l'anglais). Le gouvernement français a pris des mesures pour protéger la langue française menacée par l'hégémonie anglo-américaine (loi votée en France le 30 juin 1994).

A. Formation historique du français. Remettez les phrases suivantes dans l'ordre chronologique:

1. Au XVIIIe siècle la langue s'enrichit; les philosophes, Voltaire et Diderot, écrivent l'Encyclopédie.
2. A partir du XVIe siècle l'usage du français, à la place du latin, devient obligatoire.
3. Les Français, à l'origine, parlaient le gaulois.
4. Sous le règne de Louis XIV (au XVIIe siècle), le français acquiert sa forme classique. C'est la langue de l'œuvre de Racine, de Molière et de Corneille.
5. Le chef-d'œuvre de l'ancien français est «la Chanson de Roland» aux XIe siècle.
6. Après l'invasion des Romains, le gaulois se romanise. Les Français parlent le roman.

B. La Famille des mots. Recherchez deux noms, une chose et une personne, qui correspondent à chaque verbe.

Modèle: régner: **le règne, le roi**

1. imprimer
2. emprunter
3. acquérir

C. La Famille des mots. Recherchez l'adjectif qui correspond au verbe.

1. S'enrichir c'est devenir _____.
2. Épurer c'est rendre _____.
3. S'appauvrir c'est devenir _____.

D. La Famille des mots. Recherchez le verbe qui correspond au nom.

1. le parcours
2. le nettoyage
3. le croisement
4. l'accomplissement
5. le réglage

E. L'Expression juste. Remplacez les expressions en caractères gras par un des synonymes suivants. Faites les changements nécessaires.

imprimerie   s'affranchir
moine   illettré
cesser de

1. Guttenberg a inventé **la typographie des livres** au XVe siècle.
2. Au XIVe siècle les Français, à l'exception des **religieux,** étaient **analphabètes.**
3. Au XVIe siècle le français s'est **libéré** du latin.
4. Aujourd'hui le français doit **arrêter de** faire des emprunts à partir de l'anglais pour survivre.

L'Origine du français

A la fin du Xe siècle, l'ancien français s'affirme face au latin et devient ce qui sera une langue nationale. Dans le superbe *Dictionnaire historique de la langue française*, Alain Rey, directeur de la *rédaction* du *Robert*, parcourt l'histoire du français.   publication

EXPRESS: Avant la naissance du français au Xe siècle, il s'est déjà passé beaucoup de choses. Et d'abord pourquoi a-t-on cessé de parler gaulois?

A.R.: Par son histoire même, le français a été soumis à des croisements culturels. Lorsque les Romains de Jules César sont arrivés, les Gaulois ont ressenti le désir de se romaniser, et leur langue s'est perdue en deux siècles. On s'est alors retrouvé avec une sorte de créole du latin, le roman.

EXPRESS: En quoi le Xe siècle marque-t-il l'acte de naissance du français?

A.R.: C'est à la fin du Xe siècle, avec l'élection d'Hugues Capet[1], que tout change. Le pouvoir politique impose la langue du roi et de Paris, distincte des dialectes. Le chef-d'œuvre de cet ancien français est *La Chanson de Roland*, au XIe siècle.

EXPRESS: Qu'est devenu le latin classique?

A.R.: Après le XIVe et XVe siècle, le latin ecclésiastique représente la langue de la mémoire et de la culture. Les seuls à ne pas être illettrés sont les moines. *Toutefois*, l'ancien français devra s'affranchir du latin religieux et du grec. Le XVe cependant
et XVIe siècle sont un *tournant* fondamental. La langue change de nature. Ce   changement
mouvement est lié à la révolution technique de l'imprimerie. C'est *l'aurore* de   le début
la «galaxie Gutenberg».

EXPRESS: Comment la langue a-t-elle évolué au XVIIe siècle?

A.R.: La langue actuelle est entièrement dépendante du grand *nettoyage* du XVIIe rénovation
siècle, qui a tout filtré et épuré. L'apogée classique correspond à un *réglage* pré-   normalisation
cis du goût, avec la Régence[2] et le règne de Louis XIV. Le français acquiert des
qualités incontestables d'élégance, qui *aboutissent* à des perfections comme   mènent
l'œuvre de Racine[3].

EXPRESS: De quelle façon le XVIIIe siècle a-t-il enrichi le vocabulaire?

A.R.: Le XVIIIe siècle a été une période cruciale. La Régence, les règnes de Louis XV
et de Louis XVI apparaissent comme de vraies révolutions, sur ce plan.
L'Encyclopédie, de Diderot[4], accomplit un *bilan* linguistique tout à fait passionnant.   travail
D'autre part, des influences étrangères très fortes se font sentir, *notamment*   spécialement
en politique, où l'Angleterre devient le modèle. Voltaire[5] et Diderot, *en tant*   en qualité de
qu'auteurs de dictionnaire, adaptent des *ouvrages* du monde anglo-saxon. C'est   livres
le temps des «philosophes», où la langue s'enrichit. A l'époque révolutionnaire,
on assiste à une explosion considérable du vocabulaire.

EXPRESS: Quand le français a-t-il perdu son rôle de langue dominante?

---

[1] Hugues Capet était roi de France de 987–996.
[2] La Régence était le gouvernement de Philippe d'Orléans pendant la minorité de Louis XV.
[3] Racine (1639–1699) est un écrivain classique qui a écrit des pièces de théâtre parmi lesquelles, *Phèdre*.
[4] Diderot (1713–1784) est un philosophe français qui a dirigé *l'Encyclopédie*.
[5] Voltaire (1694–1778) est un philosophe français du XVIIIe siècle. Il est célèbre pour ses œuvres satiriques dont *Candide* est la plus connue.

est arrivé	A.R.:	Curieusement tout s'*est joué* au XVIIIe siècle. Il arrive souvent que, ayant atteint un sommet culturel dans son propre territoire, une langue perde son rôle de leader.

A.R.:   Curieusement tout s'*est joué* au XVIIIe siècle. Il arrive souvent que, ayant atteint un sommet culturel dans son propre territoire, une langue perde son rôle de leader.

EXPRESS: Pensez-vous que le vocabulaire actuel soit menacé par les emprunts à l'anglo-américain?   40

A.R.:   Quand on puisait dans le latin et le grec, c'était un bien commun aux pays développés d'Europe. Alors qu'aujourd'hui les emprunts se font à partir d'une langue vivante, parlée. Il y a là un certain danger pour le vocabulaire, *d'autant plus qu'*ils *proviennent* d'une source unique. En recourant à d'autres langues, germaniques, slaves ou romanes, le français *recouvrerait* sa vocation première de paneuropéanisme. Mais c'est là une *vue de l'esprit*...   45

Marginal glosses: est arrivé / sans compter / ont pour origine / retrouverait / une façon de penser

Adapté de l'Express.

FAISONS LE POINT!

A. Faites le bon choix. Choisissez l'expression qui convient le mieux dans les phrases suivantes. Faites les changements nécessaires.

imprimerie	en tant que	emprunt
illettré	règne	

1. _____ historien de la langue, Alain Rey pense que les emprunts anglo-américains menacent le français.
2. Sous le _____ de Louis XIV le français s'est épuré.
3. Il y a actuellement encore des gens qui ne savent pas lire; ils sont

_____.
4. _____ a été une véritable révolution.
5. Les _____ enrichissent une langue.

B. Antonymes. Faites correspondre le contraire des mots de la colonne de gauche avec celle de droite.

1. acquérir	a. continuer à
2. cesser de	b. polluer
3. épurer	c. crépuscule
4. aurore	d. s'appauvrir
5. s'enrichir	e. perdre

C. Vrai ou faux? Lisez les phrases suivantes et corrigez celles qui contiennent une erreur.

1. Le français remplace le latin au Xe siècle.
2. Les Gaulois ont adopté le roman, la langue de l'empereur romain, Jules César.
3. *La Chanson de Roland* est le chef-d'œuvre de l'ancien français.
4. Aux XIVe et XVe siècle les moines étaient illettrés.
5. Pendant la Renaissance (XVIe siècle) la nature de la langue a changé.
6. Gutenberg a inventé l'imprimerie.
7. Racine est un auteur français qui a vécu pendant la Renaissance.
8. *L'Encyclopédie* a beaucoup influencé l'évolution du français.
9. Le français a perdu son rôle de langue dominante au XIXe siècle.
10. D'après Alain Rey le vocabulaire actuel est menacé par des emprunts anglo-américains.

D. Sujets de discussion. Répondez aux questions suivantes en donnant une justification.

1. Résumez les diverses étapes de l'évolution du français.
2. Que savez-vous de *La Chanson de Roland*? de *l'Encyclopédie*?
3. Une langue est-elle statique? Justifiez.
4. Comment percevez-vous (*perceive*) le français?
5. Comment notre pensée est-elle à la fois enrichie et limitée par notre langue?
6. Quel rapport existe-t-il entre la langue et l'identité d'un peuple?
7. Quel rapport existe-t-il entre la langue écrite et la langue parlée?
8. Pourquoi apprenez-vous une langue étrangère?

E. Communication pratique. Mettez-vous par petits groupes et dites ce que vous pensez au sujet des questions suivantes. Puis faites-en le compte-rendu à la classe.

1. Est-il utile d'apprendre des langues mortes comme le grec et le latin?
2. Faut-il légiférer (faire des lois), comme les Français le font en matière de langue, pour la protéger?

F. Sujets de débats. Formez des groupes de quatre personnes pour débattre les questions suivantes. Dans chaque débat deux personnes répondront négativement et deux personnes répondront affirmativement.

1. L'emprunt des mots étrangers peut enrichir une langue.
2. Les hommes devraient tous parler la même langue.

G. Sujets de composition.

1. Quelle est la fonction d'une langue?
2. Quelle est l'évolution de l'anglais aux États-Unis? et au Canada?

TEXTE 2   Le Français est-il en danger de mort?

AVANT DE LIRE

A. Qu'en pensez-vous? La révolution de l'informatique peut à long terme menacer la richesse de la langue et en condamner certaines. Quelle est la nature du problème? Choisissez la réponse qui vous semble appropriée.

1. Combien de langues sont parlées aujourd'hui dans le monde?
   a. 3.000
   b. 300
   c. 30

2. Un ordinateur ne peut pas
   a. stocker *(input)* l'information.
   b. traiter l'information.
   c. inventer l'information.

3. La langue informatique est
   a. ambiguë.
   b. imaginaire.
   c. simple.

4. Un ordinateur ne peut pas
   a. écrire.
   b. traduire.
   c. parler avec subtilité.

5. La révolution informatique menace
   a. la communication scientifique.
   b. la communication technique.
   c. la communication humaine.

6. Les langues menacées par la révolution informatique sont
   a. l'anglo-américain.
   b. les langues du Sud-Est asiatique.
   c. les langues européennes.

B. La Famille des mots. Recherchez deux noms (une chose et une personne) qui correspondent à chaque verbe.

Modèle: traduire: **la traduction, le traducteur**

1. fournir
2. maîtriser
3. survivre
4. aveugler

C. La Famille des mots. Recherchez le verbe qui correspond au nom.

1. appauvrissant
2. régression
3. débarras
4. suppression
5. torsion
6. progrès

D. L'Expression juste. Complétez les phrases à l'aide des mots suivants. Faites les changements nécessaires.

commodité   véhiculaire   puissance

1. L'anglais est une langue _____ parlée dans le monde entier.
2. Le téléphone et l'ordinateur sont devenus des _____ indispensables.
3. La _____ des ordinateurs est de plus en plus remarquable.

Le Français est-il en danger de mort?

Aujourd'hui, tout le monde travaille sur l'écrit. Demain, ce sont les machines qui écriront, traduiront, traiteront l'information à notre place. Et ces machines parleront les langues de leurs inventeurs. Sur les quelques 3.000 langues pratiquées sur terre, la plupart sont condamnées à régresser. Ou à disparaître. Le français survivra-t-il? Voici l'entretien d'un journaliste du *Nouvel Observateur* avec André Danzin, conseiller auprès d'UNESCO, de l'*OTAN*, *NATO*
et de la Commission des communautés européennes.

N.O.:   Comment le progrès technique menace-t-il une langue?

A.D.:   Si vous vendez, par exemple, une centrale nucléaire à un pays étranger, vous fournissez également des *consignes* d'installation, d'utilisation et de maintenance. Tout *instructions*
cela représente des tonnes d'équivalent papier, qui vont être stockées dans des mémoires informatiques. Il ne doit pas y avoir une seule phrase, un seul mot qui prête à l'interprétation. C'est la première fois dans l'histoire qu'on se trouve dans la nécessité de travailler la langue pour la débarrasser de toute ambiguïté. Pourtant la richesse d'une langue dépend de sa puissance d'évocation, de sa force imaginaire, donc de son ambiguïté.

N.O.:   Vous parliez aussi d'une révolution informatique *relative aux* langues. *concernant les*

A.D.:   Oui, cette révolution touche à la capacité des machines à passer de l'écrit à l'oral—technique que l'on maîtrise déjà assez bien, par exemple à l'usage des aveugles—ou, inversement de l'oral à l'écrit. Là, on est encore aux débuts. Demain, nous aurons la traduction informatique simultanée. *Une expérience* a été faite *Un essai*
récemment par téléphone, entre le Japon et le Canada. Trois correspondants parlaient dans leur langue, anglais, allemand et japonais, la machine traduisait... Pour le moment, cela ne marche que pour quelques centaines de mots, mais il n'est pas exclu qu'en 2010 ou 2020 le téléphone traducteur se généralise.

N.O.:   Et ces technologies très complexes, donc coûteuses, seront de fait réservées aux pays riches technologiquement ou financièrement. Quel sera l'avenir des langues?

exclues   **A.D.:**   La plupart seront *éjectées* de la communication scientifique, technique, commerciale et financière. La sélection sera impitoyable. Un certain nombre de langues du

survivre

perfectionnées   Sud-Est asiatique vont *s'en tirer* parce que c'est là que ces techniques sont *mises au point*. L'anglo-américain, naturellement, car sa place est garantie par son poids sur le marché. Pour les autres langues européennes, leur avenir n'est pas du tout assuré. Le plurilinguisme européen sera peut-être sauvé par l'informatique, alors que sans elle nous risquions d'être condamnés à avoir une seule langue véhiculaire, l'anglais.   30

   N.O.:   N'est-ce pas déjà le cas dans la communauté scientifique? Si on veut être lu par ses collègues du monde entier, on publie directement en anglais.   35

   A.D.:   Oui, mais si la machine assure demain la conversion rapide du français vers les

possibilité   autres langues, chacun aura la *faculté* de s'exprimer dans sa langue maternelle.

   N.O.:   Peut-on confier l'avenir de la langue à des techniciens de l'informatique? Ne risquent-ils pas de l'émasculer pour la commodité de leur travail? C'est tellement tentant de supprimer les verbes irréguliers, les bizarreries orthographiques...   40

   A.N.:   Le professeur Sture Allén, président du jury du prix Nobel de littérature a dit: «Attention, si vous voulez tordre la langue pour les besoins des disciplines techniques et scientifiques, vous allez vers un appauvrissement considérable de la communication humaine. Il faut au contraire aller vers un plus grand respect par un perfectionnement des machines. *Tant pis* si elles doivent coûter plus cher ou être   45

too bad

un peu plus lentes. Surtout ne mutilez pas les langues!» Le risque existe. *Raison de*

Une plus grande raison   *plus* pour ne pas laisser faire par d'autres ce que nous devrions faire nous-mêmes.

Adapté du Nouvel Observateur.

FAISONS LE POINT!

A. Faites le bon choix. Choisissez l'expression qui convient le mieux dans les phrases suivantes. Faites les changements nécessaires.

fournir   informatique   débarrasser
survivre   traduire

1. A l'avenir il y aura des machines qui _____ nos conversations dans toutes les langues.
2. _____ influence tous les domaines de notre vie, même notre langue.
3. Le français _____ -il à la révolution informatique?
4. L'informatique nous oblige à _____ notre langue de toute ambiguïté.
5. A l'avenir l'informatique nous _____ les moyens de facilement communiquer avec les autres pays sans parler leur langue.

B. Antonymes. Faites correspondre le contraire des mots de la colonne de gauche avec celle de droite.

1. appauvrissement
2. progrès
3. tant pis
4. supprimer
5. puissance

a. faiblesse
b. régression
c. enrichissement
d. tant mieux
e. maintenir

C. Questions sur la lecture. Répondez aux questions suivantes en donnant une justification.

1. Que feront les machines à l'avenir?
2. Comment le progrès technique influence-t-il une langue?
3. Qu'est-ce qui fait la richesse d'une langue?
4. De quelle révolution informatique parle-t-on?
5. Quelle expérience a été faite entre le Japon et le Canada? A-t-elle réussi?
6. Quel effet auront les technologies complexes sur la survie des langues?
7. Quel sera l'avenir des langues? Quelles langues s'en tireront? Quelles langues seront menacées?
8. Le plurilinguisme européen survivra-t-il?
9. Pourquoi ne peut-on pas confier la langue à des techniciens de l'informatique?
10. Quel conseil le professeur Allén donne-t-il?

D. Sujets de discussion. Répondez aux questions suivantes en donnant une justification.

1. Comment l'informatique peut-elle transformer une langue? A votre avis ces transformations sont-elles bénéfiques ou dangereuses pour la langue?
2. Quels sont les avantages d'une machine qui traduit d'une langue à une autre?
3. Quelle est l'analogie entre un ordinateur et une langue étrangère?
4. Quelles difficultés y a-t-il à traduire une langue dans une autre?
5. Qu'est-ce que le monolinguisme? le plurilinguisme? Comment peut-on échapper au monolinguisme?
6. Devrait-on simplifier le français? Et votre langue? Comment?
7. Quels sont les avantages et les inconvénients du progrès technique?

E. Communication pratique. Mettez-vous par petits groupes et dites ce que vous pensez au sujet des questions suivantes. Puis faites-en le compte-rendu à la classe.

1. La révolution informatique peut-elle améliorer notre vie? la simplifier?
2. Les machines à traduire rendront-elles inutile l'apprentissage des langues étrangères?

F. Sujets de débats. Formez des groupes de quatre personnes pour débattre les questions suivantes. Dans chaque débat deux personnes répondront négativement et deux personnes répondront affirmativement.

1. Il faut interdire le plurilinguisme dans un pays pour préserver son identité culturelle.
2. Les machines peuvent remplacer les hommes.

G. Sujets de composition.

1. Selon vous qu'est-ce qui fait la richesse d'une langue? Pourquoi?
2. Êtes-vous pour ou contre le progrès technique?

TEXTE 3   A L'ÉCOUTE: Parlez-vous tabou?

AVANT D'ÉCOUTER

A. Les Mots-tabou. Dans certains cas l'usage de mots est dangereux et peut blesser la sus-ceptibilité de certaines personnes. C'est la raison pour laquelle il est recommandé de recourir aux euphémismes. Quels sont les mots tabou à éviter? Dans l'exercice suivant faites correspondre les éléments des deux colonnes.

Mots-tabou

1. une aveugle
2. un sourd
3. un pays sous-développé
4. un O.S. (ouvrier spécialisé, qui n'a pas de qualifications)
5. un balayeur *(street sweeper)*
6. une folle
7. une brute
8. une race
9. une vieille
10. un nain *(dwarf)*
11. un clochard

Expressions équivalentes

a. une ethnie
b. une mal-voyante
c. une personne du troisième âge
d. une personne verticalement défavorisée ou de petite taille
e. un SDF (sans domicile fixe)
f. u n pays en voie de développement
g. une déstabilisée mentale
h. un mal-entendant
i. un invalide de l'affectivité
j. un technicien de surface
k. un agent de fabrication

B. La Famille des mots. Retrouvez le nom qui correspond à l'adjectif.

1. argotique
2. affectif
3. grossier
4. ethnique

C. La Famille des mots. Retrouvez le verbe qui correspond au nom.

1. balai
2. fabrication
3. figure
4. interdiction
5. rayure
6. stabilité

D. L'Expression juste. Remplacez les expressions en caractère gras par l'un des synonymes suivants.

l'argot   exclure   malsonnant   rayer

1. Un étranger a du mal à comprendre **le jargon** parisien.
2. L'usage des mots grossiers est à **bannir** du langage car ce sont des expressions **désagréables** qui risquent d'offenser.
3. Le mot «race» est à **éliminer** de son vocabulaire car il a des connotations négatives.

 **Parlez-vous tabou?**

Il y a beau temps que le mot-tabou ne concerne plus le sexe ou la grossièreté, les «termes argotiques ou malsonnants» comme on dit dans la préface du *Robert*. Mais cela ne veut pas dire, loin de là, que le phénomène du mot-tabou ait disparu. L'époque s'est juste contentée de déplacer le problème, et il est facile de constater qu'il est aujourd'hui «exclu d'exclure» (en parole, du moins...) comme il était devenu, voici vingt-cinq ans, «interdit d'interdire». Ainsi, par hypermoralisme, *se retrouvent au ban de* la conversation, entre gens de qualité que nous sommes tous, les mots qui de près ou de loin pourraient évoquer la notion d'exclusion.

Il y a longtemps

sont interdits, bannis

    Le texte que vous allez entendre présente une série d'expressions «tabou» ou euphémismes et donne à leur place une explication qui n'évoque aucun sens d'exclusion. Lisez d'abord les expressions utiles suivantes. Ensuite écoutez la bande sonore. Puis lisez l'exercice Vrai ou faux et après une deuxième écoute, répondez aux questions.

Expressions utiles

en voie de	en train de
malsonnant	désagréable

FAISONS LE POINT!

A. Vrai ou faux? Lisez les phrases suivantes et corrigez celles qui contiennent une erreur.

1. Le mot «aveugle» est un mot-tabou.
2. Parler tabou c'est appeler un «agent de fabrication» un ouvrier spécialisé.
3. Les fous sont appelés «invalides de l'affectivité».
4. Il n'y a pas de différence de sens entre «race» et «ethnie».
5. Une personne du «troisième âge» est une personne âgée.
6. Le mot «nain» est un mot-tabou; il vaut mieux dire «personne de petite taille».
7. Les clochards sont des «SDF».
8. Le mot «clochard» est une terme récent.
9. Un clochard vit à la campagne.
10. La terminaison en **-ard** est péjorative.

B. Faites le bon choix. Choisissez l'expression qui convient le mieux dans les phrases suivantes. Faites les changements nécessaires.

malsonnant	**figurer**	**ethnie**
rayer	**argotique**	

1. La langue _____ est difficile à comprendre pour un étranger.
2. Les mots-tabou sont des expressions _____ qu'on devrait éviter.
3. Le mot _____ a une connotation moins raciste.
4. Les mots-tabou _____-ils dans votre conversation?
5. Il faut _____ de son vocabulaire les mots-tabou.

C. Synonymes. Faites correspondre l'expression équivalente de la colonne de gauche avec celle de droite.

1. grossièreté
2. fabrication
3. affectivité
4. déstabilisé
5. exclure

a. instable
b. impolitesse
c. sensibilité
d. bannir
e. production

D. Sujets de discussion. Répondez aux questions suivantes en donnant une justification.

1. Qu'est-ce une contorsion sémantique?
2. Qu'est-ce qu'un mot-tabou? Donnez des exemples.
3. Qu'est-ce que l'exclusion?
4. Qui sont les exclus de notre société?
5. Quelle différence de sens y a-t-il entre un pays sous-développé et un pays en voie de développement?
6. Pourquoi faut-il éviter le mot «race»?
7. En quoi «aveugle» et «sourd» sont-ils des mots qui suggèrent l'exclusion?
8. Pourquoi doit-on éviter l'emploi de mots-tabou?

E. Communication pratique. Mettez-vous par petits groupes de quatre personnes et discutez des questions suivantes.

1. Que pensez-vous de la «rectitude politique» du discours (politically correct language) préconisée par certains? Vous semble-t-elle dangereuse?
2. En quoi les mots-tabou reflètent-ils l'hypermoralisme de notre société?

F. Sujets de débats. Formez des groupes de quatre personnes pour débattre les questions suivantes. Dans chaque débat deux personnes répondront négativement et deux personnes répondront affirmativement.

1. Les contorsions sémantiques servent à masquer notre hypocrisie.
2. Il faut toujours dire la vérité.

G. Sujets de composition.

1. Les mots peuvent tuer. Commentez.
2. Qu'est-ce que l'humour? Pourquoi est-il nécessaire?

Les Média en France

Les Français aiment beaucoup le cinéma; c'est l'une de leurs sorties favorites. Il est vrai que le cinéma en France a la capacité de susciter réflexion, émotion et rire. Mais pour continuer à exister, le cinéma français doit s'adapter et se battre car les films américains envahissent les écrans et les Français se laissent de plus en plus séduire par la télévision au détriment de la presse et du cinéma.

Découvrons à travers l'étude des textes suivants les caractéristiques de ces média et l'intérêt qu'ils engendrent.

VOCABULAIRE THÉMATIQUE: SERVEZ-VOUS

LES MÉDIA

enquêter	to investigate
publier	to publish
être objectif(-ive)	to be objective
avoir un parti pris	to be biased, prejudiced
banaliser	to make commonplace
censurer	to censure
dicter	to dictate
se prendre au sérieux	to take oneself seriously
porter atteinte à	to undermine, attack
le petit écran	television
le grand écran	film, cinema

LE PUBLIC

le spectateur(-trice)	spectator
le téléspectateur(-trice)	television viewer
le lecteur(-trice)	reader

QUE REGARDE-T-ON? QUE LIT-ON?

l'émission (f.) de télé	television program
la chaîne (de télé)	(television) channel
les informations (f.)	the news
le débat	news or current event talk show
le reality-show	tabloid talk show
les potins (m.)	gossip
le feuilleton à l'eau de rose	soap opera
la publicité (la pub)	advertising
une publicité	advertisement, commercial
le doublage (doubler)	dubbing (to dub)
le sous-titrage	subtitling
le journal	newspaper
le quotidien	daily newspaper
la revue	magazine, journal

TEXTE 1   L'Étrange légèreté de la télévision

AVANT DE LIRE

A. Qu'en pensez-vous? Quelles sont vos émissions favorites? Classez-les par ordre de préférence.

☐ les films
☐ les pièces de théâtre
☐ les feuilletons
☐ les jeux télévisés
☐ les publicités
☐ les informations
☐ les documentaires
☐ les débats
☐ les sports
☐ autres?

B. Le Petit écran. Classez les éléments suivants selon deux catégories: *avantages* ou *inconvénients*.

1. La télé permet de se détendre et de se divertir.
2. La télé permet de s'informer et de s'instruire.
3. La télé détruit la vie de famille et réduit la communication.
4. La télé incite à la violence.
5. La télé encourage la passivité du corps et de l'esprit.
6. Regarder la télé est une perte de temps
7. Elle empêche de penser par soi-même; elle exerce un véritable lavage de cerveau.

C. Antonymes. Faites correspondre le contraire des mots de la colonne de gauche avec celle de droite.

1. ravageur
2. vider
3. banaliser
4. bruit
5. insensible

a. combler
b. dramatiser
c. silence
d. sensible
e. constructif

D. La Famille des mots. Recherchez le nom qui correspond aux verbes suivants.

1. respirer
2. vider
3. envahir
4. bourdonner
5. dicter

E. L'Expression juste. Complétez la phrase ci-dessous en employant les expressions suivantes.

s'arroger   combler   banaliser

Les méfaits (effets négatifs) de la télé sont:

1. de _____ la violence: les téléspectateurs s'y habituent.
2. de _____ le vide de la vie des téléspectateurs; ils vivent par procuration *(live through others)*.
3. de _____ tous les droits sur le téléspectateur en prenant possession de son corps et de son âme; il devient un zombi.

L'Étrange légèreté de la télévision

Et si l'on se séparait de la télévision quelque temps pour mesurer l'impact qu'elle a sur notre vie? *Le jeu en vaut peut-être la chandelle.* Mais est-on capable *au pied levé* de se prêter à une telle expérience? Pourtant comment peut-on tolérer encore les méfaits dont elle *se rend coupable,* jour après jour, sans jamais la sanctionner?

Cela en vaut la peine / sans hésiter / elle est responsable

La Magie de la télé

En effet elle s'arroge tous les droits. Elle entre dans nos familles sans jamais y être invitée, comme *une intruse* que l'on n'ose pas chasser. Elle envahit notre espace et notre temps et prend possession des corps et des âmes. Elle veille tard la nuit, prête à *dompter* le sommeil *réparateur* du rebelle à sa cause. Grâce à son pouvoir hypnotique elle balaie allègrement tout sens critique et *réduit à néant* le moindre doute susceptible de *surgir* à l'esprit. C'est une véritable magicienne dont l'art est de *broyer* dans son *chaudron* d'éternels ingrédients tels que feuilletons à l'eau de rose, reality-shows scandaleux, informations spectaculaires et de les diluer tous dans un bain de publicité ravageuse. Elle banalise tout, la vie comme la mort: un massacre d'innocents en Bosnie sera suivi d'un *défilé* de mode parisien. Rien ne l'embarrasse. Insensible, la violence ne l'effraie pas et il n'est pas rare de voir l'hémoglobine *couler à flots* comme dans une réception le champagne. Autoritaire, elle dicte sa loi au téléspectateur docile dont elle comble le vide. Il n'a plus que le choix de se soumettre. Triste *sort*!

personne indésirable / dominer / reconstituant / détruit / venir / mélanger / récipient

parade

circuler abondamment

destin

Imaginez la vie sans télé!

Quand comprendra-t-il que la vie est ailleurs, que la télé est anti-sociale et anti-nature? Il a tant de promesses de vie à redécouvrir! Sortir, respirer, se promener sous les arbres, *humer* leur parfum, voir, penser, lire, écouter, entendre, rire, parler... , *bref*, faire tout ce que lui interdit la télé. En un mot, vivre loin du bourdonnement uniforme et réducteur de cet écran vide de sens, ce vilain objet de bruit et de fureur.

sentir

en un mot

Alors, un effort s'impose à nous tous. Essayons de retrouver notre liberté perdue et abandonnons-la à sa triste existence pour regagner la nôtre. *Il y a fort à parier* que tout ira mieux et que la joie de vivre deviendra notre fidèle compagne.

Il est très probable

Alain Penso

FAISONS LE POINT!

A. Faites le bon choix. Choisissez l'expression qui convient le mieux dans les phrases suivantes. Faites les changements nécessaires.

téléspectateur	ravageur	méfait
à l'eau de rose	banaliser	

1. «Dallas» est un feuilleton _____.
2. La télé a des effets _____ sur les enfants.
3. Les _____ qui regardent trop la télé n'ont pas le temps de lire ou de sortir.
4. La télé _____ les événements tragiques.
5. Les _____ de la télé sont nombreux.

B. Synonymes. Faites correspondre l'expression équivalente de la colonne de gauche avec celle de droite.

1. légèreté   a. destin
2. sort   b. bruit
3. combler   c. détruire
4. bourdonnement   d. futilité
5. réduire à néant   e. remplir

C. Vrai ou faux? Lisez les phrases suivantes et corrigez celles qui contiennent une erreur.

1. Les méfaits de la télé ne sont pas sanctionnés.
2. La télé a tous les droits.
3. La télé libère l'homme.
4. La télé empêche de dormir.
5. La télé exerce un pouvoir hypnotique sur le téléspectateur.
6. La télé banalise tout.
7. La télé est anti-sociale et anti-nature.
8. La télé permet de lire et de penser.
9. La télé est la vie.
10. Tout ira mieux si nous nous séparons de la télévision.

D. Sujets de discussion. Répondez aux questions suivantes en donnant une justification.

1. Quel est l'impact de la télé sur le téléspectateur?
2. A votre avis, la télé est-elle anti-nature et anti-sociale?
3. Quels sont les méfaits de la télé?
4. La télé est-elle responsable de la violence?
5. L'information télévisée est-elle crédible?
6. Que pensez-vous des reality-shows?
7. La télé permet-elle de réfléchir?
8. La télé favorise-t-elle la communication?
9. Êtes-vous conditionné(e) par la publicité à la télévision?
10. Sommes-nous saturés d'images?

E. Communication pratique. Mettez-vous par petits groupes et dites ce que vous pensez au sujet des questions suivantes. Puis faites-en le compte-rendu à la classe.

1. Quelle est la fonction de la télé? instruire? distraire?
2. Quels sont les avantages et les inconvénients de la télé?

F. Sujets de débats. Formez des groupes de quatre personnes pour débattre les questions suivantes. Dans chaque débat deux personnes répondront négativement et deux personnes répondront affirmativement.

1. La télé est une drogue.
2. La télé peut et doit tout montrer.

G. Sujets de composition

1. La télé est une salle de classe sans murs. Commentez.
2. Pourriez-vous vous passer de (do without) télé?

Spotlight   TEXTE 2   *Pleins feux sur le cinéma*

AVANT DE LIRE

A. Qu'en pensez-vous? Quels sont vos films préférés? Classez-les par ordre de préférence.

- ☐ les films policiers
- ☐ les films d'horreur
- ☐ les films de science-fiction
- ☐ les dessins animés
- ☐ les comédies (satiriques, dramatiques, sentimentales)
- ☐ les films d'aventures
- ☐ les films de guerre
- ☐ autre?

B. Le Grand écran. Pour quelles raisons allez-vous au cinéma? Choisissez les réponses qui vous semblent appropriées.

- ☐ pour rêver
- ☐ pour vous divertir
- ☐ pour éprouver des émotions ou des sensations fortes
- ☐ pour réfléchir
- ☐ pour vous projeter et vivre d'autres vies que la vôtre
- ☐ autre raison?

C. La Famille des mots. Donnez le nom des infinitifs suivants et employez-le dans une phrase.

1. sous-titrer
2. doubler
3. tourner un film
4. écrire
5. ouvrir

D. Trouvez l'erreur. Corrigez les erreurs dans le paragraphe ci-dessous à l'aide des mots suivants.

fermeture   une copie   appauvrissant

Le doublage est un procédé technique *enrichissant* pour l'œuvre. Il permet de voir *le film original.* Il traduit un esprit d'*ouverture* artistique.

E. Le savez-vous? Faites correspondre les éléments des deux colonnes.

1. Les frères Lumière
2. Le cinéma ne doit pas être
3. Le cinéma doit être
4. Le doublage

a. considéré seulement comme une industrie commerciale.
b. considéré comme le septième art.
c. ont inventé le cinéma.
d. est la trahison d'un film.

Pleins feux sur le cinéma

Ce sont des Français, les frères Lumière, qui ont inventé le cinéma. Il est l'art par excellence du XXe siècle dont l'essence est l'écriture du mouvement, de la lumière et *des ombres*. Il a   de l'obscurité
le pouvoir de sublimer la réalité en une dimension de rêve et de transporter le spectateur
grâce au triomphe de l'illusion. Son expression est en elle-même unique et ne tolère
5   aucune reproduction; son identité est à ce prix.

C'est la raison pour laquelle on peut s'interroger sur la pratique du cinéma américain
qui vise à réduire cet art en pure industrie et trahir ainsi la nature de l'œuvre cinématographique. En effet, *par manque* de créativité sans doute, le cinéma américain n'hésite   faute de
pas à puiser de nouvelles ressources dans le cinéma français. Le «remake» est devenu une
10   technique de prédilection. Tous les genres sont traités: œuvres classiques, policiers,
comédies...

Le procédé n'est pas nouveau; *on y avait déjà recours* avant la guerre. On se souvient de   la technique / on le faisait
«Pépé le Moko» de Julien Duvivier[1] avec Jean Gabin[2] repris sous le titre d'«Algiers» avec
Charles Boyer. Mais aujourd'hui *la vague s'amplifie.* Toute une série de films français connaît   le mouvement grandit
15   le même sort avec, *par ailleurs,* plus ou moins de succès. Pour exemples, citons seulement,   de plus
les adaptations de «Trois hommes et un couffin[3]» de Coline Serreau, «A bout de souffle[4]»
de Jean-Luc Godard («A bout de souffle made in the USA»), «Le Grand blond avec une
chaussure noire[5]» d'Yves Robert, «Le Retour de Martin Guerre» avec Gérard Depardieu
(«Sommersby») et «Nikita[6]» de Jean-Luc Besson qui revient en France sous le titre de
20   «Nina». François Truffaut, lui-même n'échappe pas à cette mode: «L'Homme qui aimait les
femmes» réapparaît comme *«L'Homme à femmes».*   womanizer

1 Julien Duvivier, Coline Serreau, Jean-Luc Godard, Yves Robert, Jean-Luc Besson et François Truffaut sont des metteurs en scène français.
2 Jean Gabin, Charles Boyer, Gérard Depardieu sont des acteurs français.
3 En anglais, «Three Men and a Baby».
4 En anglais, «Breathless».
5 En anglais, «The Man with One Red Shoe».
6 En anglais, «Point of No Return».

épuisé / penser

le cinéma / Faute de

Le cinéma américain serait-il *à bout de souffle*? Ne devrait-il pas mieux *songer* à doubler les films français au lieu d'avoir recours à cette transformation appauvrissante et dégradante pour *le septième art*? A *défaut de* doublage, le sous-titrage pourrait éventuelle- ment être une transition culturelle qui permettrait au spectateur américain de découvrir le 25 cinéma français dans son originalité.

réactivant

souhaite

L'ouverture intellectuelle comme artistique profiterait aux deux pays en *relançant* une coopération audio-visuelle que l'avenir *appelle de tous ses vœux*.

Alain Penso

FAISONS LE POINT!

A. Faites le bon choix. Choisissez l'expression qui convient le mieux dans les phrases sui- vantes. Faites les changements nécessaires.

policier	appauvrissant	procédé
doubler	sous-titrage	

1. Le _____ permet de voir un film dans sa version originale.
2. Hitchcock a fait d'excellents films _____.
3. Le «remake» est un _____ cinématographique souvent utilisé par les Américains.
4. _____ un film coûte cher.
5. Une reproduction est souvent _____.

B. Synonymes. Faites correspondre l'expression équivalente de la colonne de gauche avec celle de droite.

1. songer		a. être fatigué
2. à défaut		b. obscurité
3. ombre		c. par manque de
4. être à bout de souffle		d. penser
5. dégradant		e. humiliant

C. Vrai ou faux? Lisez les phrases suivantes et corrigez celles qui contiennent une erreur.

1. Le cinéma est une invention américaine.
2. Le cinéma fait rêver.
3. Le cinéma est seulement une industrie.
4. Le cinéma américain manque d'inspiration.
5. Charles Boyer était le principal acteur dans «Pépé le Moko».
6. Jean-Luc Godard a réalisé «Trois hommes et un couffin».
7. François Truffaut est un cinéaste (*director*) américain.
8. Le «remake» est une technique enrichissante.
9. Il faudrait doubler les films étrangers.
10. Les États-Unis et la France devraient s'ignorer.

D. Sujets de discussion. Répondez aux questions suivantes en donnant une justification.

1. Qu'est-ce que le cinéma pour vous?
2. Quel genre cinématographique préférez-vous?
3. Connaissez-vous le cinéma français? Qu'en pensez-vous?
4. Le cinéma américain est-il créatif?
5. Préférez-vous voir un film doublé ou sous-titré? Pour quelles raisons?
6. En quoi le doublage est-il une trahison?
7. Quand un film est-il censuré? Qu'en pensez-vous?
8. Le cinéma est-il menacé par la télévision?
9. Aimeriez-vous être un acteur ou une actrice?
10. Quels sont vos metteurs en scène préférés?

E. Communication pratique. Mettez-vous par petits groupes et dites ce que vous pensez au sujet des questions suivantes. Puis faites-en le compte-rendu à la classe.

1. Qu'est-ce qu'un bon film?
2. Préférez-vous voir un film au cinéma ou à la télévision? Pour quelles raisons?

F. Sujets de débats. Formez des groupes de quatre personnes pour débattre les questions suivantes. Dans chaque débat deux personnes répondront négativement et deux personnes répondront affirmativement.

1. Le cinéma est seulement une industrie commerciale.
2. On ne devrait pas adapter les œuvres littéraires à l'écran.

G. Sujets de composition.

1. Le cinéma est-il un art?
2. Quel est le meilleur film que vous avez vu récemment? Résumez-le.

TEXTE 3   A L'ÉCOUTE: **La Presse française**

AVANT D'ÉCOUTER

A. Qu'en pensez-vous? Que doit faire le (la) journaliste de la presse écrite? Choisissez les réponses qui vous semblent appropriées.

☐ informer le lecteur, le mettre au courant de l'actualité
☐ écrire la vérité
☐ écrire des potins (cancans, commérages) sur la vie privée des gens
☐ se limiter aux faits
☐ révéler ses états d'âme, ses doutes
☐ prendre parti, donner son opinion
☐ être objectif
☐ analyser les faits
☐ enquêter sur un événement

☐ susciter l'intérêt du lecteur
☐ occulter la vérité, mentir, inventer
☐ autre?

B. Sommaire. Quelles rubriques (sujets de presse) lisez-vous plus particulièrement?

☐ l'économie
☐ la politique
☐ les faits divers
☐ la nécrologie
☐ les mots croisés
☐ les potins, les scandales
☐ les conseils pratiques
☐ les loisirs
☐ les sports
☐ la météorologie
☐ autre?

C. Le savez-vous? Faites correspondre les publications suivantes avec leur fréquence de parution.

1. un mensuel   a. tous les jours
2. un hebdomadaire   b. tous les mois
3. un quotidien   c. toutes les semaines

D. Le savez-vous? La Presse française. Refaites les phrases en faisant correspondre les éléments des deux colonnes.

1. *France Soir* privilégie   a. dans un kiosque.
2. *Le Monde* est un journal   b. les faits divers.
3. Les journalistes français   c. comparable à une revue et est difficile à lire.
4. En France on achète un journal   d. se prennent quelquefois très au sérieux et préfèrent analyser qu'enquêter.

 La Presse française

Vous allez entendre sur cette cassette l'opinion que la presse étrangère a sur la presse française. Lisez d'abord les expressions utiles suivantes. Ensuite écoutez la bande sonore. Puis lisez l'exercice Vrai ou faux et après une deuxième écoute, répondez aux questions.

Expressions utiles

à ce titre	en tant que tel, pour cette raison
à part	sauf
les actualités	les informations
s'apparenter à	ressembler à
états d'âme	doute, interrogation
pour rien au monde	à aucun prix
faire partie intégrante de	participer totalement à

FAISONS LE POINT!

A. Vrai ou faux? Lisez les phrases suivantes et corrigez celles qui contiennent une erreur.

1. En France, les journalistes de la presse écrite sont plus respectés que ceux de la télévision.
2. *Le Monde* est un magazine.
3. Les journalistes français préfèrent commenter l'actualité.
4. Pour savoir ce qui se passe en France, il faut lire *le Monde*.
5. L'objectif du journaliste français est d'enquêter sur un événement.
6. Les journaux français sont pleins de potins.
7. Les journalistes français sont très modestes.
8. Le métier de journaliste est un métier comme les autres.
9. Les quotidiens français sont pleins d'états d'âme.
10. La presse française est une entreprise culturelle.

B. Faites le bon choix. Choisissez l'expression qui convient le mieux dans les phrases suivantes. Faites les changements nécessaires.

quotidien	potins	enquêter
être au courant de	se prendre au sérieux	

1. Le travail d'un journaliste est de _____ sur un événement.
2. Les journalistes français _____; ils manquent quelquefois d'humilité.
3. Pour _____ de ce qui se passe dans le monde, il faut lire la presse internationale.
4. Les _____ ne figurent pas dans la presse sérieuse.
5. *Le Monde* et *France Soir* sont des _____ qui paraissent l'après-midi.

C. Synonymes. Faites correspondre l'expresssion équivalente de la colonne de gauche avec celle de droite.

1. actualités   a. magazine
2. s'apparenter à   b. en tant que tel
3. à ce titre   c. à l'exception de
4. revue   d. ressembler
5. à part   e. informations

D. Sujets de discussion. Répondez aux questions suivantes en donnant une justification.

1. Que reproche la presse étrangère à la presse française?
2. Que recherchez-vous lorsque vous lisez un quotidien?
3. Aimez-vous les potins?
4. Quel est le rôle d'un bon journaliste (d'une bonne journaliste)?
5. Aimeriez-vous être journaliste?
6. Est-il utile de lire les journaux?
7. Existe-t-il une presse satirique aux États-Unis? au Canada? La lisez-vous?
8. Êtes-vous abonné(e) à un journal ou une revue? lequel ou laquelle?
9. Est-il bon de lire toujours le même journal?

E. Communication pratique. Mettez-vous par petits groupes et dites ce que vous pensez au sujet des questions suivantes. Puis faites-en le compte-rendu à la classe.

1. Quel est le pouvoir de la presse aux États-Unis? au Canada? La liberté de la presse est-elle menacée aujourd'hui?
2. Les journalistes ont-ils le droit de tout révéler?

F. Sujets de débats. Formez des groupes de quatre personnes pour débattre les questions suivantes. Dans chaque débat deux personnes répondront négativement et deux personnes répondront affirmativement.

1. La presse écrite est une meilleure source d'information que la télévision.
2. La presse traque *(goes after)* toujours le scandale.

G. Sujets de composition.

1. Rédigez un article de presse.
2. On devrait censurer les articles qui portent atteinte à *(undermine, attack)* la vie privée.

L'Écologie en France

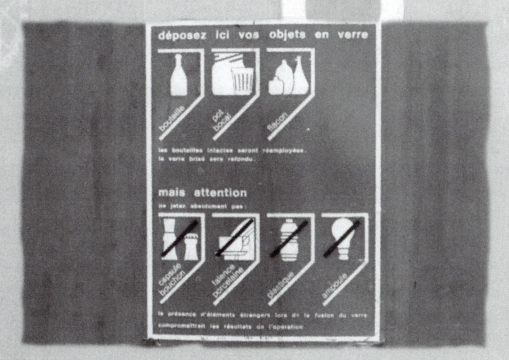

Au cours des dernières années, l'écologie est devenue une préoccupation importante en France. Un parti politique, «les Verts», est né. Les Français ont, en effet,
compris la nécessité de protéger la nature et les animaux menacés pour assurer
la survie de l'espèce humaine et léguer aux prochaines générations un monde
habitable.

Les textes suivants expliquent l'origine de cette nouvelle prise de conscience.

VOCABULAIRE THÉMATIQUE: SERVEZ-VOUS

LA SOCIÉTÉ DE CONSOMMATION

le (la) consommateur(-trice)	*consumer*
l'achat	*purchase*
le ralentissement de la consommation	*slowdown of consumption*
le micro-ondes	*microwave oven*
l'appareil photo *(m.)*	*camera*
le caméscope	*camcorder*
la publicité (la pub)	*advertising, commercial*

POUR PROTÉGER L'ENVIRONNEMENT

polluer	*to pollute*
réduire la pollution	*to reduce pollution*
la réduction de la couche d'ozone	*reduction of the ozone layer*
l'énergie *(f.)* nucléaire	*nuclear energy*
les produits *(m.)* verts (écologiques)	*ecological products*
les produits chimiques	*chemical products*
être écologiste	*to be ecological*
les déchets *(m.)*	*waste*
les rejets industriels *(m.)*	*industrial waste*
les insecticides *(m.)*	*insecticides*
sauvegarder (détruire) la planète (la terre)	*to save (destroy) the planet (the earth)*
être en (bon) mauvais état	*to be in good (bad) condition*
la marée noire	*oil slick*
le pétrolier	*tanker*

LES ANIMAUX EN DANGER

la bête	*animal*
l'élevage industriel *(m.)*	*commercial raising of animals*
les espèces animales en voie de disparition	*endangered species*
la chasse à la baleine	*whale hunting*

TEXTE 1   **La Fin de la société de consommation?**

A. Qu'en pensez-vous. Le titre du texte souligne un phénomène nouveau, celui du ralentissement de la consommation. Pourquoi les consommateurs freinent-ils leurs dépenses? Choisissez les arguments qui vous semblent appropriés.

☐ par peur de s'endetter (cartes de crédit, etc.)
☐ en raison de la crise économique et de la peur du chômage
☐ par sagesse
☐ parce qu'ils aiment consommer et dépenser leur argent
☐ parce qu'ils sont moins conditionnés par la mode et la pub
☐ parce qu'ils veulent acheter des choses utiles de qualité
☐ parce qu'ils sont matérialistes
☐ pour des raisons écologiques
☐ autres?

B. Trouvez l'erreur. Dans le paragraphe ci-dessous corrigez les mots en caractéres gras à l'aide des mots suivants. Faites les changements nécessaires.

varié   facile   bon marché   gain

Mammouth, Monoprix et la FNAC sont des grandes surfaces en France. Les gens préfèrent les grands magasins pour faire leurs achats car ils sont **difficiles** d'accès. Cela représente une **perte** d'argent et de temps. Les produits y sont **chers** et le choix est **limité**.

C. La Famille des mots. Recherchez le verbe qui correspond au nom.

1. achat
2. soin
3. souci
4. défenseur
5. consommation
6. soutien
7. bâtiment

D. La Famille des mots. Recherchez le nom et le verbe des mots suivants.

Modèle: sensible: **la sensibilité, sensibiliser**

1. sale
2. utile
3. gêné
4. déçu
5. occidental
6. méfiant

E. Le savez-vous? Objets de consommation. A quoi servent les objets suivants? Faites correspondre les éléments des deux colonnes.

1. Un jouet
2. Un caméscope
3. Un micro-ondes
4. Un appareil photo
5. Une voiture

a. sert à prendre des photos.
b. sert à se déplacer rapidement.
c. sert à filmer.
d. sert à réchauffer les aliments.
e. sert à jouer.

F. L'Expression juste. Quels sont les rapports entre l'écologie et la consommation? Complétez les phrases ci-dessous à l'aide des mots suivants. Faites les changements nécessaires.

produits verts   recycler   sans plomb

1. Pour protéger l'environnement il est préférable d'acheter des _____.
2. Pour protéger les forêts on _____ le papier.
3. Pour ne pas polluer l'environnement il vaut mieux acheter des voitures munies d'un système anti-pollution et utiliser de l'essence _____.

La Fin de la société de consommation?

implorent

On remarque, ces derniers temps, d'étranges comportements: des parents *supplient* leurs amis de ne plus offrir de jouet à leurs enfants; des individus renoncent à l'achat, trop complexe, d'un micro-ondes. D'autres, même, renoncent à changer de voiture tous les deux ans. Quelque chose a changé dans la tête des consommateurs: ils n'obéissent plus aux stimuli du marketing et de la mode. Bref, à toutes les séductions de la société de consommation.   5

enthousiasme

Par exemple, les consommateurs se méfient du crédit. Bien sûr, ils achètent toujours et font marcher l'économie. Mais ils n'y mettent plus le même *entrain*. Ils pensent plutôt à la «consommation diététique». On prend les objets pour ce qu'ils sont. On les veut donc pratiques. Utiles. Fin du gadget.   10

indique / appétit

Un nouveau mot *désigne* cette perte d'*appétence*: «déconsommation». Bien sûr, les dépenses ne diminuent pas, et continuent même d'augmenter. Mais plus lentement. Comment expliquer ce ralentissement? En réalité, la récession des économies occidentales

est révélatrice

réticents

sert de révélateur. Quand les salaires augmentent moins vite, ou plus du tout, quand le chômage fait peur, les vraies questions surgissent. Même ceux qui sont à l'abri se sentent *gênés*   15 de dépenser. Aux États-Unis, les Américains désertent les magasins: ils n'y passent plus que quatre heures par mois, contre douze heures il y a dix ans!

Two-thirds / se promènent

centres commerciaux

Soixante-deux pour cent des consommateurs redoutent la trop grande facilité des cartes de crédit. *Les deux tiers* des acheteurs essaient de se défendre contre les tentations. Ils *déambulent* dans les *galeries marchandes* et caressent les écharpes en cachemire. Le plaisir du contact suffit. Mammouth est un «centre de vie», dit la pub. Pas de consommation!   20

Retour à la raison

Quand ils achètent, les Français sont très rationnels. Ils dépensent relativement moins pour s'habiller et équiper leur maison. Et de plus en plus pour leur santé. L'image sociale a beaucoup moins d'importance. Ils veulent des choses simples, pratiques, évidentes... Mais du bon.

responsables / prudentes

Ce retour à la raison doit beaucoup aux femmes. On les croyait frivoles. Elles se révèlent prudentes *gestionnaires* et elles demeurent furieusement *sages*. Mieux: leur modération   25 est contagieuse. Les femmes imposent aux hommes leur manière de se nourrir. Et

envahissent le *champ* masculin. Leur influence est considérable: «Elles demandent de plus *domaine*
en plus des produits autrefois réservés aux hommes, comme les appareils photo ou les
30 caméscope, mais elles les veulent simples», constate Victor Jachimovic (FNAC).

Enfin, la montée de l'écologie tempère le zèle des acheteurs. Ce nouveau souci
écologique ne freine peut-être pas le commerce mais il le fait marcher différemment. En
France, Monoprix commercialise soixante produits «verts», qui marchent bien. «Pour le
moment, notre pénétration du marché reste marginale, reconnaît Jean-Pierre Petit,
35 directeur marketing de la société. Mais nous sommes patients face à ce qui *s'avère* une évo- *semble être*
lution à long terme.» Car les plus grands défenseurs de l'écologie sont les enfants.
«Quarante pour cent des adolescents influencent des achats de voiture et sont sensibles
aux systèmes anti-pollution et à l'aspect recyclable d'un modèle. Sous leur influence, la sensibilité écolo progresse très vite», affirme Paul Defourny, directeur du Cetelem (*crédit à la* *loan company*
40 *consommation*).

Le soin de l'environnement va encore plus loin. On n'aime ni les entreprises qui salis-
sent ni celles qui vous poussent à acheter une voiture trop chère ou à vous endetter.

L'écologie pourrait donc bien accélérer cette prise de distance avec la consommation,
déjà sensible aujourd'hui. Un *politologue*, Albert Hirschman, a bâti une théorie séduisante: *analyste politique*
45 les humains, explique-t-il en substance, évoluent en permanence entre plaisirs privés et
préoccupations collectives. Les plaisirs privés—la consommation en est un—finissent par
engendrer de la déception. Les individus *s'en détournent* pour soutenir de grandes causes *créer / y renoncent*
religieuses ou idéologiques. L'écologie sera-t-elle celle de cette fin de siècle?

Adapté de l'Express.

FAISONS LE POINT!

A. Faites le bon choix. Choisissez l'expression qui convient le mieux dans les phrases suivantes. Faites les changements nécessaires.

sage	**utile**	**ralentissement**
gestionnaire	**jouet**	

1. Un _____ est responsable du budget d'une entreprise.
2. Les enfants reçoivent des _____ à Noël.
3. Il est _____ de ne pas vivre à crédit.
4. Le _____ de la consommation favorise le chômage.
5. Certains produits que nous achetons sont _____; d'autres sont
   superflus.

B. Antonymes. Faites correspondre le contraire des mots de la colonne de gauche avec celle de droite.

1. se méfier de   a. indifférent
2. salir   b. faire confiance à
3. achat   c. détruire
4. sensible   d. nettoyer
5. bâtir   e. vente

C. Vrai ou faux? Lisez les phrases suivantes et corrigez celles qui contiennent une erreur.

1. Les consommateurs sont sollicités par la société de consommation.
2. Ils veulent acheter beaucoup de gadgets.
3. Le ralentissement des dépenses s'explique, en partie, par la récession des économies occidentales.
4. Les Américains passent plus de temps dans les magasins qu'il y a dix ans.
5. Les Français dépensent moins pour la maison et plus pour leur santé.
6. Les Français préfèrent acheter des choses pratiques et simples.
7. Les femmes sont frivoles et achètent plus que les hommes.
8. L'écologie influence les stratégies de vente.
9. Les enfants sont sensibles aux problèmes de l'environnement.
10. D'après la théorie du politologue, Albert Hirschman, la consommation est devenue une source de déception.

D. Sujets de discussion. Répondez aux questions suivantes en donnant une justification.

1. Les consommateurs sont-ils toujours influencés par la mode et le marchéage *(marketing)*?
2. Est-ce que vous (ou vos parents) consommez autant qu'autrefois?
3. Que veut dire l'expression «consommation diététique» pour vous? Et l'expression, «déconsommation»?
4. La facilité qu'offrent les cartes de crédit est-elle un danger pour vous? pour la société?
5. Quel rôle l'image sociale joue-t-elle dans vos achats?
6. Comment la sagesse des femmes contribue-t-elle au déclin de la consommation?
7. Les enfants sont-ils conditionnés par la société de consommation?
8. Expliquez la théorie du politologue, Albert Hirschman. Qu'en pensez-vous?

E. Communication pratique. Mettez-vous par petits groupes et dites ce que vous pensez au sujet des questions suivantes. Puis faites-en le compte-rendu à la classe.

1. Comment l'écologie participe-t-elle au ralentissement de la consommation?
2. Faut-il consommer moins?

F. Sujets de débats. Formez des groupes de quatre personnes pour débattre les questions suivantes. Dans chaque débat deux personnes répondront négativement et deux personnes répondront affirmativement.

1. La consommation et l'écologie peuvent cohabiter.
2. Nous sommes engagés dans une spirale d'auto-destruction (exemples: la surconsommation, la surproduction, la surpopulation).

G. Sujets de composition.

1. Êtes-vous un ardent défenseur de l'écologie?
2. Notre société est-elle trop matérialiste?

TEXTE 2   Les Animaux ont-ils des droits?

AVANT DE LIRE

A. **Qu'en pensez-vous?** Les hommes ont des droits et des devoirs. Et les animaux? Pour quelles raisons les hommes sont-ils fous des animaux domestiques? Choisissez les réponses qui vous semblent appropriées.

☐ parce qu'ils se sentent seuls
☐ parce qu'ils aiment la nature
☐ parce qu'ils sont infantiles et narcissiques
☐ parce que les animaux domestiques sont des bêtes soumises et affectueuses
☐ parce que les animaux leur reviennent cher
☐ parce que les animaux leur rendent des services
☐ parce que les animaux sont féroces

B. **Connaissez-vous les animaux?** Que font-ils? Où habitent-ils? Faites correspondre les éléments qui conviennent.

L'animal	Que fait-il?	Où habite-t-il?
1. le chien	a. hennit	h. une écurie
2. le chat	b. mugit	i. une niche ou une maison
3. la vache	c. aboie	j. les bois
4. le loup	d. miaule	k. le poulailler
5. le cheval	e. hurle	l. la jungle
6. le lion	f. caquète	m. une étable
7. la poule	g. rugit	n. une gouttière *(alley)* ou une maison

C. **La Famille des mots.** Recherchez un autre nom et un verbe qui correspondent aux noms suivants.

Modèle: chasseur: **la chasse, chasser**

1. l'attrait
2. le révélateur
3. l'oppresseur

D. **La Famille des mots.** Recherchez le nom qui correspond à l'adjectif.

1. soumis
2. polémique
3. affectueux
4. reconnaissant

E. La Famille des mots. Recherchez le verbe qui correspond au nom.

1. le témoignage
2. la fermeture
3. l'imprégnation

F. Le savez-vous? Les hommes et les animaux. Faites correspondre les éléments des deux colonnes.

1. Les hommes témoignent
2. Les végétariens ne mangent pas de viande
3. On soigne les bêtes malades
4. Les militants animaliers défendent
5. Certains contestent l'esprit zoophile

a. qui imprègne notre culture démocratique.
b. dans les cliniques vétérinaires.
c. les droits des animaux.
d. de la bonté et de la douceur envers les animaux.
e. par respect de la vie.

Les Animaux ont-ils des droits?

Les Français sont fous de leurs animaux. Cela on le savait. Mais fous au point d'exiger que chiens, poules ou zèbres bénéficient des mêmes droits que les humains, c'est nouveau et révélateur de l'extension du phénomène écologiste, auquel le philosophe Luc Ferry vient de consacrer un livre polémique «Le Nouvel ordre écologique».

l'amour des animaux   Ferry dénonce avec véhémence *l'esprit zoophile* qui aujourd'hui «imprègne notre culture   5
démocratique» et, de certaine manière, la menace. Vouloir, comme de nombreux éco-
logistes «radicaux», définir des «droits de l'animal», chercher, comme certains militants ani-
réduire   maliers, à *estomper* la différence fondamentale entre l'homme et la bête, n'est-ce pas *con-*
contredire   *tester* le principe même des droits de l'homme? Et remettre en question les fondements
de l'humanisme?   10

        Au contraire, pour Elizabeth de Fontenay, exercer bonté et douceur envers les bêtes,
selon lui   c'est militer pour «plus d'humanité». Le philosophe australien Peter Singer, *quant à lui*, pense
que les animaux sont l'ultime des minorités opprimées par l'homme après les noirs et les
d'une manière directe   femmes: «tous les animaux—dont l'homme—sont égaux» déclare-t-il *sans ambages*. Le
débat est ouvert.   15

mode   Cet attrait de l'animal témoigne-t-il, dans la *foulée* écologique, de l'intérêt nouveau porté
En attendant   à la nature? *Toujours est-il que* le nombre des cliniques vétérinaires en région parisienne a
domestiques   quadruplé ces vingt dernières années. Les trente-cinq millions d'animaux *de compagnie* en
ensemble   France, mangent, à eux seuls, autant de viande que tous les Espagnols *réunis*. Les chats et
les chiens ont maintenant leurs psychiatres et leurs cimetières...   20

La Zoophilie

Coluche[1] disait: «Il y a des gens, ils ont des enfants parce qu'ils ne peuvent pas avoir de chiens». Les psychosociologues, de leur côté, expliquent fort bien les infinies gratifications narcissiques que donnent l'amour de ces êtres toujours soumis, reconnaissants, affectueux et jamais *dressés* contre l'autorité, enfants rêvés de parents *déboussolés*. Car, chacun le sait, *rebelles / perdus*
25 les animaux sont «purs», ils ne tuent pas, ne *saillissent* pas et ne meurent pas. Les zoos sont *copulent* obligés d'attendre la fermeture pour nourrir leurs pythons avec des lapins vivants, comme leur nature de chasseur l'exige, parce que cela «choque les visiteurs». On croit que le public demande de la nature, dit un conseiller du ministère de l'environnement; en fait, le plus souvent il demande du Walt Disney.

30 De façon générale, le mouvement actuel va dans le sens d'une régression infantile. *Pour un peu,* les loups deviendraient végétariens. Pour des raisons de pure affectivité, la viande *Presque* de cheval, plus saine, moins grasse, disparaît peu à peu des *étals* de boucherie. Que l'on *étalages* soit végétarien par refus du «cadavre» est un point de vue cohérent et respectable. Que l'on refuse le «gentil cheval» en se *goinfrant d'*un délicieux sandwich au jambon est un *déni* *mangeant / contradiction*
35 de raison.

N'y a-t-il pas dans certains excès d'une zoophilie radicale, une critique de l'humanisme qui pose avant tout cette simple exigence morale: l'homme d'abord? L'humanisme, en fait, n'exclut pas toute préoccupation en faveur des animaux, au contraire. Ferry, allergique à l'idée de droits de l'animal, soutient le principe de «devoirs de l'homme envers l'animal».
40 N'arrivera-t-on jamais à envisager des rapports entre les hommes et les animaux sans prendre ni les uns ni les autres pour plus bêtes qu'ils ne sont?

Adapté du Nouvel Observateur.

FAISONS LE POINT!

A. Faites le bon choix. Choisissez l'expression qui convient le mieux dans les phrases suivantes. Faites les changements nécessaires.

opprimé	bête	être fou de
chasseur	contester	

1. Les _____ ont-elles des droits?
2. Les enfants _____ les animaux en général.
3. Certains _____ la légitimité de la chasse.
4. Les _____ sont-ils cruels envers les animaux?
5. Les minorités sont souvent _____.

[1] Coluche (1948–1986) est un célèbre comédien français.

B. Antonymes. Faites correspondre le contraire des mots de la colonne de gauche avec celle de droite.

1. domestique
2. reconnaissant
3. bonté
4. soumis
5. attrait

a. sauvage
b. répulsion
c. ingrat
d. méchanceté
e. rebelle

C. Vrai ou faux? Lisez les phrases suivantes et corrigez celles qui contiennent une erreur.

1. Les Français détestent les animaux.
2. Peter Singer pense que les animaux sont opprimés.
3. Le nombre des cliniques vétérinaires a quadruplé en vingt ans.
4. Il y a quarante millions d'animaux domestiques.
5. Les animaux sont obéissants.
6. Les pythons mangent des lapins vivants.
7. Le public adore Walt Disney.
8. Les loups sont végétariens.
9. La viande de cheval est très saine.
10. L'homme a des devoirs envers l'animal.

D. Sujets de discussion. Répondez aux questions suivantes en donnant une justification.

1. Pourquoi les gens ont-ils des animaux domestiques?
2. Avez-vous un animal domestique? Pour quelles raisons?
3. Êtes-vous végétarien(-ienne)? Justifiez.
4. Que pensez-vous de l'élevage industriel des animaux?
5. Les chiens devraient-ils être admis dans les restaurants?
6. Quels services les animaux rendent-ils aux hommes?
7. Les propriétaires d'animaux sont-ils narcissiques?
8. Pensez-vous que les animaux ont besoin de psychiatres et de cimetières?
9. Les animaux sont-ils heureux dans un zoo?

E. Communication pratique. Mettez-vous par petits groupes et dites ce que vous pensez au sujet des questions suivantes. Puis faites-en le compte-rendu à la classe.

1. Avons-nous tous besoin des animaux?
2. Quel rôle les animaux jouent-ils auprès des malades, des handicapés et des personnes âgées?

F. Sujets de débats. Formez des groupes de quatre personnes pour débattre les questions suivantes. Dans chaque débat deux personnes répondront négativement et deux personnes répondront affirmativement.

1. On devrait interdire la chasse.
2. On ne devrait pas utiliser les animaux en laboratoire pour des raisons médicales.

G. Sujets de composition.

1. L'animal est le meilleur ami de l'homme. Commentez.
2. Pourquoi faut-il sauver les espèces animales en voie de disparition, par exemple, l'éléphant africain, la baleine *(whale)* bleue et blanche, le phoque *(seal)*?

TEXTE 3   A L'ÉCOUTE: **Halte à la pollution!**

AVANT D'ÉCOUTER

A. **Qu'en pensez-vous?** Notre planète est en danger, en mauvais état. Que doit-on faire pour la sauver? Choisissez les éléments qui vous semblent appropriés et justifiez.

☐ Consommer des produits biodégradables.

☐ Utiliser des emballages en plastique.

☐ Utiliser des produits qui détruisent la couche d'ozone comme les aérosols.

☐ Nettoyer les plages.

☐ Recycler le papier.

☐ Utiliser des voitures électriques.

☐ Utiliser des insecticides et des pesticides.

☐ Construire des centrales nucléaires.

☐ Purifier l'eau.

B. **La Famille des mots.** Recherchez un autre nom et un adjectif qui correspondent aux noms suivants.

1. un chimiste
2. un industriel
3. un écologiste

C. **La Famille des mots.** Recherchez le nom à partir du verbe.

1. réduire
2. nier
3. attribuer
4. prévoir

D. **La famille des mots.** Recherchez le verbe à partir du nom.

1. le rejet
2. le classement
3. le nettoyage

E. **La planète en danger.** Remettez dans l'ordre les phrases suivantes sans oublier de faire les changements nécessaires.

1. l'environnement / être effectué / protéger / pour / des mesures / devoir
2. il / se sentir / être / les pollueurs / incroyable / coupable / que / ne pas
3. atteindre / peu / crédible / la pollution / être / le degré zéro de / d' / il

Halte à la pollution!

Quelles sont les priorités écologiques? Comment résoudre les problèmes de l'environnement? Les Français sont de plus en plus préoccupés par ces questions. Jean-René Fourtou, le président de *Rhône-Poulenc,* propose une table ronde entre industriels, écologistes, politiques et citoyens pour *élaborer* une écologie plus efficace. Vous allez entendre sur cette cassette un entretien de Jean-René Fourtou avec un journaliste du *Point.*

groupe industriel
concevoir

Pour mieux discerner la nature du problème, lisez d'abord les expressions utiles suivantes. Ensuite écoutez la bande sonore. Puis lisez l'exercice vrai ou faux et après une deuxième écoute, répondez aux questions.

Expressions utiles

DTT	insecticide
classement	classification
rejet industriel	déchets chimiques

FAISONS LE POINT!

A. Vrai ou faux? Lisez les phrases suivantes et corrigez celles qui contiennent une erreur.

1. Les chimistes sont responsables de la pollution.
2. Autrefois, les plages étaient sales en France.
3. Aujourd'hui, peu de plages sont propres.
4. La couche d'ozone diminue.
5. Grâce au DTT, la malaria n'existe plus.
6. L'interdiction des insecticides n'était pas la priorité absolue.
7. Les industriels ne s'intéressent pas aux problèmes de l'environnement.
8. Les chimistes sont optimistes.
9. Dans dix ans toutes les usines en France seront propres.
10. Il est difficile de lutter contre la pollution.

B. Faites le bon choix. Choisissez l'expression qui convient le mieux dans les phrases suivantes. Faites les changements nécessaires.

la couche d'ozone	chimiste	écologique
chimie	industriel	

1. Un _____ travaille dans un laboratoire.
2. Les scientifiques sont inquiets parce que la _____ ne cesse de diminuer.
3. Les _____ ont pris conscience des dangers de leur responsabilité en matière de pollution.
4. La _____ est la science qui étudie la transformation de la matière.
5. Les jeunes d'aujourd'hui ont une plus grande conscience _____ que leurs parents.

C. Antonymes. Faites correspondre le contraire des mots de la colonne de gauche avec celle de droite.

1. incroyable
2. nettoyer
3. chimique
4. recycler
5. réduire

a. jeter
b. crédible
c. salir
d. naturel
e. augmenter

D. Sujets de discussion. Répondez aux questions suivantes en donnant une justification.

1. Pourquoi la couche d'ozone préoccupe-t-elle les scientifiques?
2. Qu'est-ce que la pollution? Donnez des exemples.
3. Quelles sont ses conséquences pour l'avenir de notre planète?
4. Doit-on utiliser des insecticides?
5. Où l'eau est-elle polluée ? aux États-Unis? au Canada? Pour quelles raisons? Buvez-vous de l'eau minérale ou l'eau du robinet? Pourquoi?
6. En quoi les industriels sont-ils coupables?
7. Achetez-vous des produits écologiques? Pour quelles raisons?
8. Les catastrophes naturelles sont-elles plus graves que celles provoquées par l'homme?
9. Que pensez-vous de l'énergie solaire?

E. Communication pratique. Mettez-vous par petits groupes et dites ce que vous pensez au sujet des questions suivantes. Puis faites-en le compte-rendu à la classe.

1. Quelles sont les mesures à prendre pour lutter contre la pollution dans le monde?
2. Qu'est-ce que l'écologie? Est-ce que votre gouvernement est préoccupé par les problèmes de l'environnement?

F. Sujets de débats. Formez des groupes de quatre personnes pour débattre les questions suivantes. Dans chaque débat deux personnes répondront négativement et deux personnes répondront affirmativement.

1. L'homme détruit la nature.
2. On devrait arrêter de construire des centrales nucléaires *(nuclear plants)*.

G. Sujets de composition.

1. Notre planète est en danger. Commentez.
2. Êtes-vous écologiste?

La France dans le monde

Comment est perçue la France dans le monde? Il faut reconnaître qu'elle a quelquefois du mal à se faire entendre surtout auprès de ses alliés. Pourtant en dépit de ses difficultés, la France reste un pays apprécié des étrangers pour sa douceur de vivre. Thomas Jefferson ne disait-il pas que c'était la deuxième patrie de tout homme civilisé?

C'est ce que nous allons découvrir dans les textes suivants.

VOCABULAIRE THÉMATIQUE: SERVEZ-VOUS

LA VIE RURALE ET URBAINE

le paysage	landscape, scenery
la banlieue	suburbs
la vie rurale	country, rural life
le terroir	region
se dépeupler	to depopulate
la déshumanisation	dehumanization
humaniser les villes	to humanize the cities
le patois	dialect
le tissu social déchiré	breakdown/deterioration of social fabric
le repère	landmark, guideline
la société fermée	closed-off society
restaurer un équilibre	to restore a balance
s'arranger	to work out
labourer	to labor

LES FRANÇAIS

le citadin(e)	city dweller
le paysan(ne)	peasant, farmer
l'agriculteur(-trice)	farmer
le chauffeur	driver
les aïeux (m.)	grandparents

LE TOURISME

accueillir	to welcome
l'accueil (m.)	welcome
le marché aux puces	flea market
flâner	to browse
marchander	to bargain, haggle
se faire arnaquer	to be cheated, to be had
magouille (f.)	chicanery, gift

TEXTE 1   La France aujourd'hui

AVANT DE LIRE

A. Qu'en pensez-vous? Classez par ordre de gravité les problèmes de la vie moderne.

- ☐ la violence
- ☐ l'anonymat des villes
- ☐ la surpopulation
- ☐ la perte d'identité
- ☐ le chômage
- ☐ la délinquance, la drogue
- ☐ le SIDA
- ☐ l'absence de repères
- ☐ la déshumanisation
- ☐ la pollution
- ☐ autres?

B. Vivre à la campagne ou en ville? Classez en deux catégories les éléments caractéristiques de la vie à la campagne et ceux de la vie en ville.

vie artificielle	possibilité de travail	sorties
vie naturelle	contact avec la nature	tranquillité
solitude	dimension humaine	traditions
anonymat	tension	distractions
espace et temps	danger	autres?
bruit	violence	
magasins	vie animée et diversifiée	

C. Définissez. Les trois mots suivants ont la même racine. A quelles définitions correspondent-ils?

la terre   le terroir   le territoire

1. les champs; le sol cultivé par les paysans
2. l'étendue (la surface totale) d'un pays
3. la région, le pays

D. Synonymes. Faites correspondre l'expression équivalente de la colonne de gauche avec celle de droite.

1. déchirer	a. déprimer
2. aïeux	b. exploser
3. restaurer	c. grands-parents
4. broyer du noir	d. angoisse
5. détresse	e. réparer

E. **L'Expression juste.** Complétez le paragraphe ci-dessous avec les mots suivants.

fermes	patois	se dépeupler
terroir	agriculteurs	terre
labourer		

Autrefois le paysan français parlait le _____. Il _____
ses champs. Il était très attaché au _____. Aujourd'hui les campagnes
_____ car les _____ ne peuvent plus vivre de la
_____; ils abandonnent leurs _____ pour aller vivre
dans les villes.

La France aujourd'hui

Trois millions de chômeurs, une crise qui dure, un tissu social déchiré, un franc qu'on
voudrait fort, les banlieues en détresse et les campagnes en colère... Nous voici, *à l'aube du*
prochain millénaire, dans un monde sans repères, un univers *flou.* Comment y voir clair?

à la veille du vingt et
unième siècle / incertain

Nous ne croyons plus aux systèmes parfaits mais nous rêvons encore. Nous voulons du
5 génie pragmatique, des *accommodements* intelligents avec la réalité, de la mesure et d'un
compromis honorable entre la liberté et la justice sociale, la dignité des hommes et l'efficacité des économies. Il faut donc réinventer la France. Car nous broyons du noir. Un
sondage récent révèle que 62 % des Français se déclarent assez pessimistes pour l'avenir
du pays.

solutions

10 Mais quel pays voulons-nous? Quel est le paysage de la France aujourd'hui? Les villes
explosent, les banlieues *s'étendent* et se déshumanisent tandis que les campagnes se dépeu-
plent. En 1954, des cités à dimension humaine *parsemaient* une France toujours rurale; un
actif sur quatre était un paysan. Aujourd'hui, un travailleur sur dix-sept est un agriculteur.
Résultat: 80 % d'entre nous vivent sur 20 % de notre territoire. Les Français vivent en ville
15 et survivent en banlieue, loin des pays où labouraient nos aïeux. Nous avons perdu nos
patois et nos accents s'estompent. Nous mangeons des boîtes de cassoulet de Toulouse[1]
aux normes européennes. Douce France... Le slogan des paysans, «Non à Maastricht[2], non
au GATT[3] et au diktat américain!» exprime le refus d'oublier l'importance de la vie rurale
dans la culture française.

deviennent importantes
composaient
travailleur

20 Il est urgent de reconquérir notre territoire et restaurer l'équilibre du pays pour ne pas
perdre un terroir, une histoire, une identité.

Adapté de l'Express.

[1] Une boîte de cassoulet de Toulouse est une spécialité culinaire à base de saucisses et haricots en conserve.
[2] Maastricht est un traité de l'union européenne (février 1992) dont les objectifs sont:
—la citoyenneté européenne
—l'union économique
—l'union monétaire
—la politique européenne sociale
[3] Le GATT = General Agreement on Tariffs and Trade, 1945.

FAISONS LE POINT!

A. Faites le bon choix. Choisissez l'expression qui convient le mieux dans les phrases suivantes. Faites les changements nécessaires.

à l'aube de	exploser	labourer
se dépeupler	broyer du noir	patois
en détresse	flou	agriculteur
restaurer		

1. Les Français sont inquiets pour l'avenir _____ l'an 2000.
2. L'avenir est _____ ; il est incertain.
3. Les pessimistes ont tendance à _____.
4. Les _____ sont des dialectes régionaux.
5. Le monde paysan français est _____ car il est menacé par les accords économiques européens et américains.
6. Les paysans _____ les champs.
7. Il faudrait _____ la vie rurale en France.
8. Aujourd'hui, les paysans incompris font _____ leur colère.
9. La France n'est plus un pays rural car les campagnes _____.
10. Les _____ français protestent contre le GATT.

B. Vrai ou faux? Lisez les phrases suivantes et corrigez celles qui contiennent une erreur.

1. Le chômage n'est pas important en France.
2. Les Français croient aux systèmes parfaits.
3. Les Français broient du noir.
4. Les villes sont surpeuplées.
5. Le paysage urbain a remplacé le paysage rural en France.
6. En 1954 un travailleur sur dix-sept était agriculteur.
7. Quatre-vingts pour cent des Français sont des citadins.
8. Les Français occupent 80 % du pays.
9. Les paysans veulent sauver la vie rurale.
10. Les paysans sont hostiles au GATT.

C. Sujets de discussion. Mettez-vous par petits groupes et dites ce que vous pensez au sujet des questions suivantes. Puis faites-en le compte-rendu à la classe.

1. Quel était le mode de vie des Français autrefois?
2. Pourquoi les campagnes se dépeuplent-elles en France?
3. Pourquoi les villes explosent-elles?
4. Observe-t-on le même phénomène aux États-Unis? au Canada?
5. Qu'est-ce qu'un patois? Y a-t-il des patois aux États-Unis? au Canada?
6. Pourquoi les paysans français refusent-ils les accords de Maastricht et du GATT?
7. Ressentez-vous un risque de perte d'identité aux États-Unis? au Canada? Pour quelles raisons?
8. Comment peut-on concilier la vie moderne et la tradition?

D. Communication pratique. Mettez-vous par petits groupes et dites ce que vous pensez au sujet des questions suivantes. Puis faites-en le compte-rendu à la classe.

1. Comment peut-on humaniser les villes?
2. Comment voyez-vous l'avenir de votre pays? Êtes-vous optimiste?

E. Sujets de débats. Formez des groupes de quatre personnes pour débattre les questions suivantes. Dans chaque débat deux personnes répondront négativement et deux personnes répondront affirmativement.

1. L'Europe est une menace pour les États-Unis.
2. La vie était plus facile à vivre au 19e siècle.

F. Sujets de composition.

1. Est-il plus facile de travailler à l'usine ou à la ferme? Pourquoi?
2. Le folklore est-il en voie de disparition?

TEXTE 2   # La France fait toujours rêver

AVANT DE LIRE

A. Qu'en pensez-vous? Le plaisir du voyage. Quelles sont vos préoccupations lorsque vous voyagez à l'étranger? En faisant vos choix, classez-les par ordre de priorité.

____ recevoir un accueil chaleureux
____ trouver un hôtel confortable climatisé en été, avec le chauffage central en hiver
____ faire connaissance avec les habitants, avoir des échanges
____ apprendre la langue étrangère ou la pratiquer
____ visiter les musées
____ goûter les spécialités culinaires du pays
____ faire des achats
____ découvrir un autre mode de vie
____ vous dépayser (changer de lieu)
____ autres?

B. L'Expression juste. Les Aléas du voyage. Pourquoi les touristes doivent-ils être prudents? Utilisez les mots en caractères gras suivants pour compléter les phrases.

coupe-gorge	endroit dangereux
marchander	demander une réduction
se faire arnaquer	se faire avoir (expression familière)
se faire agresser	être attaqué

1. Les touristes doivent vérifier leur argent et _____ les prix pour ne pas _____.
2. Les touristes doivent éviter les _____ pour ne pas _____ par des pickpockets prêts à leur voler leur passeport et leur argent.

C. La Famille des mots. Recherchez les mots de la même famille.

Modèle: conseiller: **déconseiller, un conseil**

1. marchander
2. sympathique
3. étonné
4. suffisant

D. La Famille des mots. A partir du nom retrouvez le verbe correspondant.

1. vol
2. accueil
3. désignation
5. prévention
5. envahisseur

E. Le savez-vous? Faites correspondre les éléments des deux colonnes.

1. Les Japonais conseillent aux jeunes filles
2. Les magouilles (mot familier)
3. Les sans-abris
4. On peut acheter de la brocante, des antiquités

a. sont des moyens malhonnêtes ou habiles de réussir.
b. font la quête dans le métro.
c. le port du pantalon.
d. dans un marché aux puces.

La France fait toujours rêver

consommer   En 1991 ils ont été 52 millions de touristes étrangers à franchir les frontières de notre douce France pour venir *s'y goinfrer* de fromages et de patrimoine historique divers et variés. Au premier rang des pays européens et en deuxième position derrière les États-Unis, *l'Hexagone* est une des destinations touristiques les plus *prisées* de la planète.

la France / appréciées

même / supérieur   L'accueil, pourtant, y est jugé peu sympathique, *voire* arrogant et *suffisant*. Le Français a   5 la réputation de mal parler les langues étrangères, de ne pas être bon commerçant et de ne pas faire de la communication son souci majeur.

avaient en mémoire   Cependant, les Américains sont souvent agréablement étonnés par l'attitude des Français. Un certain nombre *en étaient restés* à «U.S. go home!» Les Scandinaves, eux, sont surpris de ne pas trouver des hôtels sales. Leur principal souci est de savoir si l'eau du robi-   10 net est potable et comment éviter de se faire arnaquer par les chauffeurs de taxi. Ils adorent les marchés aux légumes, aux fleurs, aux oiseaux et aux puces et ne marchandent jamais. Les Allemands, quant à eux, sont persuadés que les Français les considèrent toujours comme des envahisseurs.

Gare aux coupe-gorge!

15 Dans leur ensemble, les touristes visitent éternellement les mêmes lieux: Notre-Dame, la Tour Eiffel, le Louvre, l'Arche de la Défense et Euro-Disney. Certains se plaignent que les musées aient un jour de fermeture ou d'avoir *croisé* des gens dans le métro en train de faire la quête. Toutes nationalités *confondues, hormis* les Italiens habitués aux vols et aux magouilles, le principal problème, c'est les pickpockets et les vols de passeports. Surtout 20 pour les Japonais.

Cependant, tout en étant *classée en rouge sur l'échelle de dangers,* la France, et principalement sa capitale, représentent une des destinations de prédilection des Japonais. Mais, comme le relate un article de *Libération*[1] daté de 1992, au Japon, lors des réunions qui précèdent chaque voyage organisé, on prévient les jeunes filles que «Paris n'est pas une 25 ville sûre»; on leur déconseille de «marcher seules dans la rue», et on *préconise «le port* du pantalon». En outre, «il ne faut jamais ouvrir quand on frappe à la porte de votre chambre d'hôtel», mais plutôt appeler tout de suite la réception. Les guides japonais sur la sécurité dans les voyages désignent comme zones «dangereuses» le Louvre, l'Opéra et les Champs Élysées! Quant aux cafés célèbres, tels les Deux Magots et le Flore[2], ils sont, c'est 30 connu, de véritables *coupe-gorge*...

Adapté des Dossiers du Canard.

Glossary (right margin):
- rencontré
- mélangées / sauf
- considérée comme un pays dangereux
- recommande de porter
- ici: «un endroit dangereux» parce que c'est cher

FAISONS LE POINT!

A. Faites le bon choix. Choisissez l'expression qui convient le mieux dans les phrases suivantes. Faites les changements nécessaires.

se faire arnaquer	faire la quête	vol
chauffeur	marché aux puces	

1. Un _____ doit être prudent quand il conduit.
2. Souvent, les touristes _____ par des gens malhonnêtes.
3. Il est humiliant de _____ dans la rue.
4. Dans les _____ on trouve de vieux objets de valeur.
5. Les touristes sont souvent victimes de _____.

B. Synonymes. Faites correspondre l'expression équivalente de la colonne de gauche avec celle de droite.

1. croiser	a. surpris
2. prisé	b. indiquer
3. étonné	c. rencontrer
4. sympathique	d. apprécié
5. désigner	e. aimable

[1] *Libération* est un quotidien français.
[2] Les Deux Magots et le Flore sont des célèbres cafés parisiens sur le boulevard Saint-Germain.

C. Questions sur la lecture. Répondez aux questions suivantes en donnant une justification.

1. Combien de touristes ont visité la France en 1991?
2. Que visitent les touristes en France?
3. Quel est le pays le plus visité au monde?
4. Quel accueil réserve-t-on aux touristes en France?
5. Pourquoi les Américains sont-ils agréablement surpris?
6. Quelle est l'obsession des Scandinaves en France?
7. Est-ce que les Allemands se sentent aimés en France? Pourquoi?
8. Que redoutent les touristes en France?
9. Pourquoi les jeunes Japonaises doivent-elles éviter de sortir seules à Paris?
10. Quels sont les endroits dangereux à Paris, selon les Japonais? Qu'en pensez-vous?

D. Sujets de discussion. Répondez aux questions suivantes en donnant une justification.

1. Pourquoi la France est-elle le premier pays touristique d'Europe?
2. De quoi se plaignent les touristes en France?
3. Que pensent les Américains (les Canadiens) de la France?
4. Les Japonais sont-ils des touristes comme les autres?
5. Aimez-vous visiter les musées?
6. Avez-vous déjà voyagé ou aimeriez-vous voyager à l'étranger?
7. Aimez-vous flâner dans les marchés aux puces?
8. Quelle est la différence entre un marché et un supermarché? Lequel préférez-vous?

E. Communication pratique. Mettez-vous par petits groupes et dites ce que vous pensez au sujet des questions suivantes. Puis faites-en le compte-rendu à la classe.

1. Pourquoi faut-il apprendre des langues étrangères?
2. Pourquoi le tourisme est-il important pour un pays?

F. Sujets de débats. Formez des groupes de quatre personnes pour débattre les questions suivantes. Dans chaque débat deux personnes répondront négativement et deux personnes répondront affirmativement.

1. Le voyage organisé est la solution idéale pour visiter un pays étranger.
2. On accueille mal les touristes en France.

G. Sujets de composition.

1. Montaigne a dit, «le voyage forme la jeunesse». Qu'en pensez-vous?
2. «Partir c'est mourir un peu». Commentez cette citation.

| TEXTE 3 | A L'ÉCOUTE: **La France vue par un Américain** |

AVANT D'ÉCOUTER

A. Connaissez-vous Paris? Voici le nom de quelques monuments célèbres. A quelle description correspondent-ils?

1. Hôtel construit en 1671 où Louis XIV fit soigner les vieux soldats invalides.

    a. les Invalides

2. Monument érigé à la gloire des armées Napoléoniennes en 1836. Aujourd'hui y repose la dépouille d'un soldat inconnu.

    b. la Sorbonne

3. Structure métallique inaugurée en 1889 pour l'exposition universelle. Il est préférable de monter en ascenseur.

    c. le Panthéon

4. Église de style gothique construite à partir de 1163.

    d. la Concorde

5. Université fondée en 1227 au cœur du Quartier latin.

    e. la Tour Eiffel

6. Monument consacré à la mémoire des grands hommes. Mirabeau, Voltaire, Rousseau, Hugo, Zola y sont enterrés.

    f. les Champs Elysées

7. Au milieu de la place s'élève une obélisque égyptienne. Louis XVI et Robespierre y furent guillotinés.

    g. l'Arc de Triomphe

8. Grande avenue où se déroulent les défilés du 14 juillet.

    h. Notre Dame

B. La Famille des mots. A partir du nom retrouvez le verbe.

1. une récompense
2. l'ennui
3. une gifle
4. la recherche

C. La France et les Français. Choisissez la réponse qui vous semble appropriée.

1. Paris est une ville
   a. magique.
   b. laide.

2. Les Français sont un peuple
   a. nordique.
   b. latin.

3. La société française est une société
   a. fermée.
   b. ouverte.

4. Pour faire connaissance avec les Français
   a. il faut être présenté par quelqu'un.
   b. on les aborde facilement.

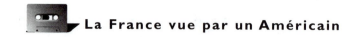

La France vue par un Américain

copies / un emploi

A 25 ans, Marcus Mabry, un Américain, est depuis trois mois le correspondant à Paris du magazine *Newsweek* (4 millions d'*exemplaires* dans le monde): «*une place* très recherchée». Juste récompense pour quelqu'un qui a fait ses études à Sciences-Po[1] et à la Sorbonne.

tawny

Son premier grand article dans *Newsweek* portait sur Cyril Collard et son film, «Les Nuits *fauves*». «J'expliquais qu'en France, l'acteur atteint du SIDA était devenu un héros parce qu'il avait su regarder la mort en face. Ce genre d'héroïsme serait impossible aux États-Unis».

Vous allez entendre ce que pense Marcus Mabry de Paris et des Français. Lisez d'abord les expressions utiles. Ensuite écoutez la bande sonore. Puis lisez l'exercice Vrai ou faux et après une deuxième écoute, répondez aux questions.

Expressions utiles

s'arranger	aller mieux
s'éclater	s'amuser; se laisser aller
porter sur	avoir pour objet

FAISONS LE POINT!

A. Vrai ou faux? Lisez les phrases suivantes et corrigez celles qui contiennent une erreur.

1. Marcus Mabry est un journaliste français.
2. Cyril Collard était un jeune cinéaste *(film maker)*.
3. Un héros a peur de la mort.
4. La Sorbonne est un restaurant à Paris.
5. Marcus Mabry déteste Paris.
6. D'après Mabry les jeunes Français sont plus pessimistes qu'il y a cinq ans.
7. D'après Mabry les Français savent s'amuser.
8. D'après Mabry les Américains sont optimistes.
9. Il est facile de rencontrer des gens à Paris.
10. Il est dangereux d'aborder une fille à Paris.

B. Faites le bon choix. Choisissez l'expression qui convient le mieux dans les phrases suivantes. Faites les changements nécessaires.

exemplaire	porter sur	recherché
s'arranger	gifler	

1. Les optimistes croient que tout peut _____ dans la vie.
2. Le métier de correspondant à l'étranger est très _____.
3. Cet article _____ les impressions d'un Américain à Paris.
4. _____ quelqu'un est un acte de violence.
5. *Newsweek* se vend à plusieurs millions de _____ dans le monde.

[1]Université parisienne où l'on étudie les sciences politiques.

C. Antonymes. Faites correspondre le contraire des mots de la colonne de gauche avec celle de droite.

1. récompense
2. fermé
3. s'éclater
4. ennui
5. aborder

a. ouvert
b. fuir
c. punition
d. amusement
e. s'ennuyer

D. Sujets de discussion. Répondez aux questions suivantes en donnant une justification.

1. Pourquoi le métier de correspondant à l'étranger est-il très recherché?
2. Pourquoi dit-on que Paris est une ville magique? L'avez-vous déjà visitée ou aimeriez vous le faire?
3. Quelles différences y a-t-il entre les Américains et les Français? entre les Canadiens et les Français?
4. Pensez-vous que New York soit une ville rêvée? Pourquoi?
5. Êtes-vous optimiste ou pessimiste de nature?
6. Est-il facile de rencontrer les gens aux États-Unis? au Canada?
7. Qu'est-ce que l'ennui? Qu'est-ce qui vous ennuie?
8. Aimeriez-vous vivre à l'étranger? Dans quel pays?

E. Communication pratique. Mettez-vous par petits groupes et dites ce que vous pensez au sujet des questions suivantes. Puis faites-en le compte-rendu à la classe.

1. Aimez-vous voyager?
2. Est-il facile pour un étranger/une étrangère de comprendre le pays dans lequel il/elle séjourne?

F. Sujets de débats. Formez des groupes de quatre personnes pour débattre les questions suivantes. Dans chaque débat deux personnes répondront négativement et deux personnes répondront affirmativement.

1. On ne peut pas changer le monde.
2. La société américaine (canadienne) est une société fermée.

G. Sujets de composition.

1. Aimeriez-vous vivre à l'étranger?
2. Comment aimez-vous passer vos vacances?

En France, tout finit par des chansons!

LA VIE EN ROSE
Refrain

Quand il me prend dans ses bras,
Il me parle tout bas,
Je vois la vie en rose.
Il me dit des mots d'amour
Des mots de tous les jours,
Et ça m'fait quelque chose.
Il est entré dans mon cœur
Une part de bonheur
Dont je connais la cause.
C'est lui par moi,
Moi par lui, dans la vie
Il me l'a dit, l'a juré pour la vie,
Et dès que je l'aperçois
Alors je sens en moi
Mon cœur qui bat.

DOUCE FRANCE
Refrain

Douce France
Cher pays de mon enfance
Bercée de tant d'insouciance
Je t'ai gardé dans mon cœur
Mon village
Au clocher, aux maisons sages
Où les enfants de mon âge
Ont partagé mon bonheur
Oui je t'aime
Et je te donn' ce poème
Oui je t'aime
Dans la joie ou la douleur
Douce France
Cher pays de mon enfance
Bercée de tendre insouciance
Je t'ai gardé dans mon cœur.

VOCABULARIE

A

aborder to accost, approach

aboutir to succeed; aboutir à to result in, lead to

aboutissement *m.* outcome, result

abri *m.* shelter; à l'abri de sheltered from, free from

abrutir to stun, daze; s'abrutir to deaden one's mind, have a numbing effect on, turn into a moron

abrutissant thought-destroying, mind-destroying

absorber to absorb; être absorbé par to be engrossed in

abus *m.* abuse

accaparer to monopolize; to take up time and energy

accéder à to attain, get

accommoder to adapt; s'accommoder de to put up with

accomplissement *m.* accomplishment

accord *m.* agreement; être d'accord to agree

accorder to grant, award; s'accorder to agree, get along

accroître to increase, enhance; s'accroître to increase, grow

accueil *m.* reception, welcome

accueillir to welcome, greet

achat *m.* purchase, buying

acide *m.* acid; acide lactique *m.* lactic acid

acquérir to acquire, gain

acteur(-trice) actor, actress

actualités *f., pl.* the news

actuel(le) present

adapter (à) to adapt (to); s'adapter to adapt

adepte *m., f.* follower

adolescent(e) *m., f.* (ado) teenager

adonner: s'adonner à to take to, go in for

affaire *f.* matter, business, deal; affaires *pl.* business

affectif(-ve) emotional

affectionner to have a liking for, be fond of

affectivité *f.* affectivity, sensitivity

affectueux(-euse) affectionate

affirmer to affirm, maintain, assert

affranchir to emancipate; s'affranchir de to free oneself from

affronter to confront

agacé annoyed, irritated

agglutiné gathered, crowded around

aggraver to worsen

agir to act; s'agir de to be a question of

agresser to attack, mug; se faire agresser to be attacked, to be mugged

agriculteur(-trice) farmer

aïeul(e) *m., f.* grandfather, grandmother; aïeux *m., pl.* grandparents, ancestors

ailleurs elsewhere; par ailleurs moreover; d'ailleurs besides, as a matter of fact

aîné(e) *m., f.* older brother, older sister

air *m.* air; look; avoir l'air to look, appear

aisance *f.* ease, affluence; avoir de l'aisance to be affluent, well-off

aise *f.* satisfaction, pleasure; se sentir à l'aise to feel at ease

aisément easily, readily

aliment *m.* food

alimentation *f.* food

allemand German

aller to go; aller de mal en pis to get worse and worse; aller retour round trip

allié allied

alors que while

amaigrissant slimming

ambages: sans ambages without beating around the bush

âme *f.* soul

améliorer to improve

amuser to entertain; s'amuser to enjoy oneself, have fun

analyse *f.* analysis; diagnostic test

ananas *m.* pineapple

ancêtre *m.* ancestor

angoisse *f.* anguish, distress

angoissé anguished, worried

animé (par) prompted (by)

annihiler to annihilate

annonce *f.* announcement, advertisement; petites annonces *pl.* classified ads anodin minor, harmless

anonymat *m.* anonymity

apercevoir to see, perceive; **s'apercevoir** to realize

apologie *f.* apology; **faire l'apologie de** to praise; defend; vindicate

apparaître to appear, seem

appareil photo *m.* camera

appareil *m.* appliance

apparenter: **s'apparenter à** to have in common

apparition *f.* appearance

appartenir à to belong to

appauvrir to impoverish, make thin; **s'appauvrir** to grow poorer, become thin

appauvrissement *m.* impoverishment

appel *m.* call, appeal; **faire appel à** to appeal to, resort to

appliquer to apply; **appliquer la loi** to enforce the law; **s'appliquer à** to apply oneself to

apprentissage *m.* apprenticeship

argo *m.* slang

argotique slang

armée *f.* army; **l'Armée du Salut** the Salvation Army

arnaquer **(fam.)** to swindle; **se faire arnaquer (fam.)** to be cheated, be had

arranger to fix; to sort out; **s'arranger** to work out, come to an arrangement

arroger to assume; **s'arroger le droit de** to assume the right of, take it upon oneself to

art *m.* art; **septième art** cinema

ascète *m., f.* ascetic

aspirateur *m.* vacuum cleaner

assiette *f.* plate

assister à to witness, attend

assurance *f.* insurance

assuré(e) *m., f.* insured person, policyholder

assurer to provide

astérisque *m.* asterisk

astuce *f.* shrewdness, astuteness, trick

atelier *m.* workshop

athlétisme *m.* track and field

atout *m.* trump card; asset

attacher to attach; **s'attacher à** to apply oneself to, pay attention to

atteindre to attain, reach

atteint affected; **être atteint de** to be suffering from

attendre to wait for, expect

attrait *m.* appeal, attraction

attribuer to give, attribute

aube *f.* dawn; **à l'aube de** at the dawn of

augmentation *f.* increase, rise

augmenter to increase

auprès de near, close to, by, with

aurore *f.* dawn

aussitôt immediately, straight away

autant much, many; **d'autant plus** all the more; **d'autant que** especially since; **autant que** as much as; **pour autant** for all that

autrefois formerly, in the past

avaler to swallow

avant tout above all

avenir *m.* future

avérer: **s'avérer** to prove to be

aveugle *m., f.* blind person

aveuglement blindness

aveuglément blindly

avion *m.* plane

avocat(e) *m., f.* lawyer

avoine *f.* oats

B

bac *m.* baccalaureate

bâcler to botch up

bafouer to scorn

baguette *f.* switch, stick; loaf of French bread; **baguette magique** magic wand

baisse *f.* fall, drop; **en baisse** falling, dropping

balader to take for a walk; **se balader** to walk, stroll, visit

balai *m.* broom, brush

balayer to sweep, sweep away, brush up

baleine *f.* whale

ballon *m.* ball, balloon

ban: **au ban de** outlawed from

banaliser to make common place

bande *f.* gang

banlieue *f.* suburbs, outskirts

baraque *f.* place, dump, shack

bas(se) low

basculer to change

bateau *m.* boat; **bateau de plaisance** yacht

bâtir to build

battre to beat, defeat, hit; **se battre** to struggle

bavarder to talk, to chat

BCBG (être bon chic bon genre) to be chic and conservative; preppie

beau-père *m.* father-in-law, stepfather

beauté *f.* beauty

belle-mère *f.* mother-in-law, stepmother

berceau *m.* cradle, crib

bercer to rock, lull

bête *f.* animal, beast

bête stupid

bette *f.* beet

bien-être *m.* well being, comfort

bijou *m.* jewel

bilan *m.* achievement, results

bistouri *m.* scalpel

blessure *f.* injury, wound

bleu blue; **bleu marine** navy blue

bloquer to block

bocage *m.* farmland with trees and shrubs

bonté *f.* kindness, goodness

bord *m.* shore, bank

bosser (fam.) to work

bouder to sulk

boudeur(-euse) sulker

bouffer (fam.) to eat, gobble up

bouleverser to overturn, disrupt

boulot *m.* **(fam.)** work, job

bourdonnement *m.* buzzing, humming

bourdonner to buzz, hum

bourreau *m.* torturer

brasser to stir up, handle

bref in short

bricolage *m.* do-it-yourself work

brimer to bully, pick on

briser to break, smash, crush

brocante *f.* second-hand goods, bric-à-brac trade

broche spit (roasted)

broder to embroider

broderie *f.* embroidery

broyer to grind; **broyer du noir** to be down in the dumps

bru *f.* daughter-in-law

bruit *m.* noise

brusquement brusquely, abruptly, sharply

bureau *m.* desk, office; **bureau de renseignements** *m.* information office

but *m.* goal

C

cacher to hide

cadre supérieur *m.* executive

camembert *m.* Camembert cheese

caméscope *m.* camcorder

cancans *m., pl.* gossip

cancérologue *m., f.* oncologist

carrefour *m.* crossroads

carrément bluntly, straight out

carrière *f.* career

carte de séjour *f.* green card

carte *f.* map, card, menu

cartésien(ne) cartesian (rational mind)

cas *m.* case; **en cas de** in case of

cassoulet *m.* bean and sausage casserole dish

catch *m.* wrestling

cauchemar *m.* nightmare

cause *f.* cause; **à cause de** because of, owing to

céder to yield to, give into

centaine *f.* about a hundred

centrale nucléaire *f.* nuclear plant

cependant nevertheless, however

céréale *f.* grain

certes certainly, admittedly

certitude *f.* certainty

cesse *f.*: **sans cesse** constantly, continually

cesser de to stop doing something, cease

chaîne *f.* channel, chain

chaleur *f.* heat

champ *m.* field

chance *f.* luck, fortune

chapeau de paille *m.* straw hat

chargé de in charge of

chasser to hunt, drive away

chasseur *m.* hunter

châtaigne *f.* chestnut

chaudron *m.* cauldron

chauffage *m.* heating

chauffeur *m.* driver

chaussure de tennis *f.* tennis shoe

chef de service *m.* department head

chef-d'œuvre *m.* masterpiece
cheval *m.* horse
chevalier *m.* knight
chichi *m.* (fam.) fuss; **faire des chichis** to make a fuss about
chien(ne) *m., f.* dog
chiffre *m.* number, figure
chimie *f.* chemistry
chimique chemical
chimiste *m., f.* chemist
chirurgie esthétique *f.* cosmetic surgery
chirurgie *f.* surgery
chirurgien *m.* surgeon
choc pétrolier *m.* oil crisis
chœur *m.* choir
chômage *m.* unemployment
chômeur *m.* unemployed person
choquant shocking
chou *m.* cabbage; **choux de Bruxelles** *m.* Brussels sprouts; **chou farci** *m.* stuffed cabbage
choucroute *f.* sauerkraut
chute *f.* fall
chuter to fall; **faire chuter** to bring down
cinéaste *m., f.* film-maker
cinquième *m.* fifth
circulation *f.* traffic, circulation
citer to quote, mention, cite
citoyen(ne) *m., f.* citizen
classement *m.* filing, classification
clientèle *f.* customers
climatiser to air condition
clochard(e) *m., f.* tramp, hobo
cocktail *m.* cocktail party, cocktail
cœur *m.* heart; **au cœur de** at the heart of the matter
cohabitation *f.* living together
cohue *f.* crowd, mob
coiffer to do someone's hair
coiffure *f.* hairdo, hair style
coin *m.* corner, place
colère *f.* anger, wrath; **être en colère** to be angry
collège *m.* roughly equivalent to middle school
collégien(ne) *m., f.* student of middle school age
colonne *f.* column
combler to fill
commande *f.* order, control

commander to order, command
commérages *m., pl.* gossip
commodité *f.* convenience
compagne *f.* companion
compenser to compensate for, make up for
complaisant kind, obliging, eager
comportement *m.* behavior
comprendre to understand; to include
compression *f.* compression, reduction; **compression de personnel** *f.* staff reduction, downsizing
compter to count, include; **compter aux yeux (de quelqu'un)** to matter; **compter faire** to intend to do
concepteur *m.* designer
concerner to concern; **en ce qui concerne** with regard to
concevoir to conceive
concierge *m., f.* caretaker
concilier to reconcile
concombre *m.* cucumber
concurrence *f.* competition
concurrent(e) *m., f.* competitor
conduite *f.* driving; management; behavior, conduct
confiance *f.* confidence, trust; **faire confiance à** to have confidence in, trust
confier to entrust to, give
confirmé experienced, qualified
congélateur *m.* freezer
conjoncture *f.* present circumstances or situation
connaître to know; **connaître le même sort** to meet with the same fate
connivence *f.* complicity
connu famous
conquête *f.* conquest
consacrer to dedicate, devote
conseil *m.* advice
conseiller(-ère) *m., f.* counselor; **conseiller** to advise
consentir to agree, consent
consigne *f.* instruction
consommateur(-trice) *m., f.* consumer; **consommateur de drogue** drug addict
consommation *f.* consumption
consommer to consume
constater to note, notice
construire to construct, build; **se construire** to develop oneself

contenter to satisfy; **se contenter de** to make do with

contentieux *m.* dispute

contester to question

contrainte *f.* restriction

contrairement à contrary to

contre against, as opposed to

convenances *f., pl.* proprieties, conventions

convenir to suit, fit; **convenir à** to suit; **convenir que** to admit that, agree

convive *m., f.* guest

convivial friendly

copain *m.*, **copine** *f.* friend, pal

corrida *f.* bullfight

corvée (ménagère) *f.* (household) chore

cosmopolite cosmopolitan

côté *m.* side; **d'un côté, de l'autre** on the one hand, on the other hand

côtoyer to rub shoulders with, mix with

couche *f.* layer, coat; **couche d'ozone** ozone layer

coudre to sew

couler to flow, run; **couler à flots** to flow freely

coup *m.* blow, stroke; **coup d'œil** *m.* glance; **coup porté** *m.* a blow to

coupable guilty

coupe *f.* cup, gold or silver cup; **coupe européenne de football** *f.* European soccer cup

couper to cut; **coupe-gorge** *m.* dangerous place

courant *m.* current, movement; **être au courant de** to be informed of

coureur *m.* racer, runner, cyclist

courge *f.* squash

courir to run

cours *m.* course; **au cours de** in the course of, during; **cours particulier** *m.* private tutoring class

course *f.* race, running; errand

court-métrage *m.* short film

coût *m.* cost

coûter to cost

coûteux(-euse) expensive

coutume *f.* custom

couture *f.* sewing, dressmaking; **haute couture** haute couture, high fashion

couturier(-ère) *m., f.* fashion designer

couvercle *m.* lid

couvert covered

couverture *f.* cover, coverage

crayon *m.* pencil; **crayon à bille** *m.* ball-point pen

crèche *f.* nursery school

créer to create

crépuscule *m.* dusk, twilight

crever (fam.) to die

crier to shout; **sans crier gare** without warning

crise *f.* crisis

crispé tense, on edge

critiquer to criticize

croire to believe; **à en croire** according to

croisement *m.* crossroad

croiser to pass someone; to cross

croissant growing, increasing

croquis *m.* sketch, drawing

cru *m.* vineyard; **un grand cru** vintage wine

crudités *f., pl.* raw vegetables

cuire to cook

cuisine *f.* cooking; kitchen

cuisiner to cook

cuisinier(-ière) *m., f.* cook

cuisson *f.* cooking, baking

cuit cooked

culinaire culinary

culpabilisé feeling guilty

culpabiliser to make someone feel guilty

culpabilité guilt

cultivé cultured

cure *f.* spa treatment

curieux(-euse) curious, inquisitive

D

davantage more

déambuler to saunter

débarrasser to clear, rid; **se débarrasser de** to get rid of

débattre to debate; **se débattre** to struggle

déboussolé mixed-up

débrouillard resourceful

débrouiller to untangle, sort out; **se débrouiller** to get by, manage

décalage *m.* gap

décalé out of touch, lost, out of sorts

décéder to die

déception *f.* disappointment

décerner to award

décès *m.* death, decease

décevoir to disappoint
déchéance *f.* decline
déchets *m., pl.* waste, rubbish
déchirer to tear; to tear up
déclaré registered, declared
déconnecter to disconnect
déconseiller to advise against
décontracté relaxed, cool (informal)
décontraction *f.* nonchalance, relaxation
décor *m.* setting
décourager to discourage
décrocher to get, land (informal)
déçu disappointed
défaite *f.* defeat, failure
défaut *m.* fault; **à défaut de** for lack of
défenseur *m.* defender
défiguré disfigured
défilé *m.* parade
défouler: se défouler to unwind, let go, to let off steam
dégradant degrading
déguster to savor, to enjoy; to taste
délocalisation *f.* relocation
demeure *f.* residence, dwelling, place
demeurer to remain; to live somewhere
démissionner to give up, resign
démoder: se démoder to go out of style or fashion
déni *m.* denial
dent *f.* tooth
dépassement *m.* surpassing
dépasser to pass, go past, exceed
dépayser to provide with a change of scenery;
    aimer se dépayser to like a change of scenery
dépense *f.* expense, spending
dépenser to spend
dépeupler to depopulate, empty; **se dépeupler** to become depopulated
dépit *m.* spite, vexation, frustration; **en dépit de** in spite of
dépossédé dispossessed
déposséder de to deprive of
dépouille *f.* skin, hide; remains
déprimer to depress
déranger to disturb
dérisoire derisory
dérouler to unwind; **se dérouler** to take place; to progress, develop

derrière behind
dès from; **dès lors que** so long as
désabusé disenchanted
désastre *m.* disaster
descendant de descendant of
désespéré desperate
désespoir *m.* despair
désigner to designate, indicate
désintoxiquer to detoxify; **se faire désintoxiquer** to undergo detoxification
désormais henceforth, from now on
dessin *m.* drawing; **dessin animé** cartoon
dessiner to draw, sketch; **se dessiner** to take shape
déstabilisé unstable
destin *m.* destiny
détacher to undo, untie, remove; **se détacher** to break away from, separate
détendre to release, loosen; **se détendre** to relax
détenir to hold, be in possession of
détenteur(-trice) *m., f.* (record) holder, possessor
détourner to divert, reroute; **se détourner** to look away, turn away from
détresse *f.* distress, anguish; **en détresse** in distress
détriment: au détriment de to the detriment of
détruire to destroy
devancer to surpass
devise *f.* motto
deviser to converse
devoir *m.* duty; **devoir public** *m.* civic obligation
diabète *m.* diabetes
diable *m.* devil
dictature *f.* dictatorship
dicter to dictate
diffusion *f.* spreading, broadcasting
diminuer to reduce, diminish
diriger to manage, direct
discours *m.* speech
disparaître to disappear
disperser to scatter, spread out
disposer de to dispose, offer, have at one's disposal
dispute *f.* quarrel
dissociable separable
distraction *f.* recreation, diversion, entertainment
divan *m.* couch
divertir to entertain, to amuse
doigt *m.* finger
domaine *m.* domain, sphere

domestique *m., f.* servant

domicile *m.* residence, home; **à domicile** at home

dominer to dominate

dompter to tame, subdue

don *m.* gift, talent

dos *m.* back; **dos crawlé** backstroke

dose *f.* dosage

doublage *m.* dubbing; doubling

doubler to dub; to double; **se doubler** to go with, be coupled with

douceur *f.* sweetness, softness, gentleness

doué gifted

douteux(-euse) questionable, ambiguous, dubious

draguer (fam.) to pick up, to chase; **se faire draguer** to be chased, picked up

dresser to draw up, put up, raise; **dresser qn contre** to set someone against; **dressé contre** against

drogue *f.* drug

droguer to drug; **se droguer** to take drugs

droit *m.* right; **droit de visite** *m.* visitation rights

dû (due) à due to

E

eau *f.* water; **à l'eau de rose** sentimental,

écart *m.* distance, gap

échange *m.* discussion, exchange

échapper to escape

écharpe *f.* scarf; **écharpe en cachemire** cashmere scarf

échec *m.* failure

échouer to fail

éclairer to shed light on, clarify, explain; to light up

éclat *m.* sparkle, glamour, brilliance

éclatement *m.* explosion, rupture, break-up

éclater to blow up, break out; **s'éclater (fam.)** to have a good time; to have a ball

éco-produit *m.* biodegradable product

Ecossais(e) *m., f.* Scot

écran *m.* screen

écriture *f.* writing, style

écrivain *m.* writer

éducatif(-ive) educational

éducation *f.* upbringing, education

effectuer to carry out

effet *m.* effect; **en effet** indeed

efficace efficient, effective

efficacité *f.* effectiveness, efficiency

effondrer: s'effondrer to collapse, fall down

égal equal

également as well, too

égalisation *f.* equalization

égard *m.* consideration; **à leur égard** towards them

égaré lost

église *f.* church

éjecter to kick out

élaborer to conceive

élevage *m.* breeding

élevé high, elevated, lofty

élire (pp. élu) to elect, choose

éloigner to send away

emballage *m.* packing, packaging

emballer to pack, wrap; **s'emballer (fam.)** to lose one's temper, fly off the handle

embarquement *m.* boarding

embêter (fam.) to bother, annoy, bug

emblème *m.* symbol

émirat *m.* emirate

émission *f.* program, broadcast

emmener to take, take away

empiéter sur to encroach upon, cut into

emploi *m.* job, employment; use

employer to employ, use; **s'employer à** to devote oneself to

emprunt *m.* borrowing, loan

emprunter to borrow

enclencher to cause, set in motion

endetter: s'endetter to get into debt

endroit *m.* place, spot

énerver to irritate, annoy; **s'énerver** to get worked up, edgy

enfance *f.* childhood

enfer *m.* hell

enfermer to confine

engager to engage, involve; **s'engager** to commit oneself to, get involved in

engendrer to create, cause

engrenage *m.:* **être pris dans un engrenage** to get caught up in a spiral, to get caught up in the system

enlever to remove

ennui *m.* boredom

ennuyer to bother, bore

ennuyeux(-euse) boring

enquête *f.* survey, investigation

enquêter to investigate

enrichir to enrich; **s'enrichir** to enrich oneself, to grow rich(er)

enseignant(e) *m., f.* teacher

enseigner to teach

entendre to hear; understand; **se faire entendre** to make oneself understood

enterrer to bury

entier(-ère) whole, entire

entourer to surround, encircle

entrain *m.* spirit, drive

entraînement *m.* training

entraîner to entail, train

entraîneur *m.* trainer, coach

entrée *f.* entry, first course; **d'entrée** from the outset

entreprendre to start, undertake

entreprise *f.* firm, business

envahir to invade

envahisseur *m.* invader

envie *f.* envy, whim

épanouir to open out; **s'épanouir** to bloom, blossom

épanouissement *m.* blooming, blossoming

épargner to save, spare

épice *f.* spice

épinards *m., pl.* spinach

éponge *f.* sponge

époque *f.* age, era, epoch

épouse *f.* wife

époux *m.* husband

éprendre: **s'éprendre de** to fall in love with, become enamored of

épreuve *f.* (sports) event; test; ordeal

éprouver to feel

épuisant exhausting

épuisement *m.* exhaustion

épuiser to run out, exhaust, use up

épurer to purify; to purge

équilibré balanced

équipe *f.* team, crew

équitation *f.* horseback riding

espace *m.* space

espoir *m.* hope

esprit *m.* spirit, mind; **esprit critique** critical mind

estimer to value, esteem, consider

estomper to blur

établir to establish, set up

étal *m.* stall

étaler to spread, spread out; to parade, flaunt

étape *f.* stage, staging point

état *m.* state, condition; **être en mauvais état** to be in bad condition

état state; **état d'âme** mood, vein of feeling

étendre to extend, widen; **s'étendre** to spread out, extend out, expand

étendue *f.* area, expanse; duration; extent

éterniser to prolong, drag out, draw out; **s'éterniser** to linger

ethnie *f.* ethnic group

étiqueter to label

étoile *f.* star

étonnant surprising, astonishing

étonné surprised

étouffer to suffocate, stifle; to quell, muffle

étrange strange

étranger(-ère) *m., f.* foreign; foreigner; **à l'étranger** abroad

événement *m.* event, occurrence

évidemment obviously

évincer to oust, supplant

éviter to avoid

évoluer to evolve, change

évoquer to recall, evoke, conjure up

exclu(e) *m., f.* social outcast

exclure to exclude; to expel, oust

exécuter to execute, condemn

exemplaire *m.* copy

exercer to practice, exercise

exiger to demand, require

expérience *f.* experience, experiment

exploser to explode

exprimer to express

extérieur *m.* outside, exterior; **à l'extérieur** away from home

F

fabrication *f.* manufacturing, manufacture

fabriquer to make, manufacture

face *f.* side, face; **face à** in face of, facing

facette *f.* facet

fâcher to anger; **se fâcher** to get angry

façon *f.* way, manner; **de toutes façons** in any case, at any rate

faculté *f.* university school; possibility; **faculté de médecine** medical school

faible weak, low, poor

faillite *f.* bankruptcy; collapse, failure

fait *m.* fact; **en fait** in fact

fantaisie *f.* imagination, fancy

faute *f.* mistake; **faute de** in the absence of

fauve tawny

faux (fausse) false, fake; *m.* fake, forgery

favoriser to favor

femme *f.* woman; wife; **femme d'intérieur** housewife; **femme d'affaires** businesswoman

fermé exclusive, closed off

fermeture *f.* closing, closing time

fête *f.* feast, celebration; holiday

feu *m.* fire; **pleins feux** *pl.* spotlight

feuilleton *m.* serial, series

feutre *m.* felt-tip pen

fibre *f.* fiber

fiche *f.* card, form; **fiche de paie** pay stub

fidèle faithful, loyal

fier(-ère) proud

fierté *f.* pride

figurant(e) *m., f.* (movie) extra

figure *f.* face

figurer to appear; represent

file *f.* line; **file d'attente** queue, line

filiation *f.* relation, filiation

fin refined, fine

finir to finish, end; **finir par** to end up by

flatter to flatter; **se flatter de** to boast, be proud of

fléau *m.* plague

flot *m.* stream; **à flots** in streams, in torrents

flou blurred, vague, hazy

floué (fam.) taken in, had

foi *f.* faith

foie *m.* liver; **pâté de foie gras** liver pâté

folie *f.* madness, insanity; extravagance

fonction *f.* function, post, office; **en fonction de** according to, as a

fonctionnaire *m., f.* civil servant

fondateur(-trice) *m., f.* founder

fondement *m.* foundation

football *m.* **(le foot)** soccer

forcément necessarily

forger to form, mold

formation *f.* training

formidable tremendous

fort strong; hot (spicy)

fortement strongly

fou (folle) lunatic, crazy person; **être fou (folle) de** to be crazy about

foule *f.* crowd

four *m.* oven

fournir to supply, provide

foyer *m.* family, home

fraîcheur *f.* freshness

frais *m., pl.* costs

frais (fraîche) fresh

framboise *f.* raspberry

franc (franche) total, true

franchir to cross

frappant striking

fraude *f.* fraud, cheating

fraudeur(-euse) *m., f.* swindler

freiner to slow down, check, brake

fréquenter to frequent, keep company with

fric *m.* **(fam.)** dough, cash

frisson *m.* thrill, shiver, shudder

front *m.* forehead

frontière *f.* border, frontier

fruit *m.* fruit; **fruit sec** dried fruit

frustré frustrated

fuite *f.* escape; leak

G

gagnant(e) *m., f.* winner

gagner to win; earn; **gagné par** taken over by

galerie *f.* gallery; **galerie marchande** *f.* shopping arcades

gamin(e) *m., f.* kid

gant *m.* glove

garçon *m.* boy; **garçon de café** waiter

garde *f.* custody; **garde d'un enfant** custody of a child

garder to keep; **garder son calme** to keep calm

garderie *f.* day care center

gastronome *m., f.* gourmet

gastronomie *f.* gastronomy

gendre *m.* son-in-law

gêne *f.* trouble, embarrassment, discomfort

gêné embarrassed, reluctant

gêner to bother, embarrass

génie *m.* genius
genou *m.* knee
genre *m.* kind, type, sort; genre
gentiment kindly, nicely
gérer to manage
gestion *f.* administration
gestionnaire *m., f.* administrator
gifle *f.* slap, smack
gifler to slap, smash
goinfrer: se goinfrer (fam.) to stuff oneself, gobble
gonfler to swell
gorger to fill, stuff
goût *m.* taste
goûter to taste; to snack
grâce *f.* grace, favor; **grâce à** thanks to
gras(se) greasy, fat
gratuit free, gratuitous, unmotivated
gratuitement free of charge
grave serious
grimper to climb
groseille *f.* currant
grossier(-ère) crude, unrefined
grossièreté *f.* rudeness, crudeness, lack of refinement
guérir to cure, heal
guerre *f.* war
guichet *m.* box office, counter

H

habitant(e) *m., f.* inhabitant
habitude *f.* habit, custom
habituel(le) usual
habituer to accustom; **s'habituer à** to get used to
haine *f.* hatred
haïr to hate
halte *f.* stop, break
hausse *f.* rise; **en hausse** on the rise, rising
haut high, superior
hauteur *f.* height; **à la hauteur de** equal to
hebdomadaire *m.* weekly (paper, magazine)
heureusement fortunately
heurt *m.* collision, clash; **sans heurts** smooth, smoothly
honnêteté *f.* honesty
honte *f.* shame
hormis except for

hors out of; **hors de** outside of, out of; **hors de tout contexte** out of context
humer to breathe in
humeur *f.* mood, humor
hurler to scream

I

illettré illiterate
impensable unthinkable, unbelievable
impératif *m.* requirement, demand, necessity
impitoyable pitiless
importer to matter; **n'importe où** anywhere; **n'importe quel(le)** any, no matter which; **n'importe qui** anyone; **n'importe quoi** anything
impôt *m.* tax
imprégnation *f.* immersion; impregnation
imprégner pervade, permeate
impressionnant impressive
imprimer to print
imprimerie *f.* printing
impuissant powerless
imputable à due to
imputer à to attribute to
inappréciable invaluable, inappreciable
inaptitude *f.* incapacity
incapable unable
inciter to prompt, incite
inconvénient *m.* disadvantage, drawback
incroyable incredible
indifféremment equally
indigner to make indignant; **s'indigner** to become indignant
industriel *m.* industrialist
inégalité *f.* inequality
inépuisable inexhaustible
inexorablement inexorably, unrelentingly
infantile childish
infarctus *m.* infarction; **infarctus du myocarde** *m.* coronary thrombosis
informaticien(ne) *m., f.* computer scientist
informatique *f.* data processing, computer science
ingénieur *m.* engineer
ingérence *f.* intervention
inlassablement tirelessly
inquiet(-iète) uneasy, worried
inquiétant disturbing

inquiéter to worry, disturb; **s'inquiéter de** to worry about

inquiétude *f.* anxiety

inscrire to register; **s'inscrire** to fit, register

insensible insensitive

installer to install; **s'installer** to settle in, take a firm hold

instituteur(-trice) *m., f.* primary school teacher

instruction *f.* learning, instruction

insuffisant insufficient

insupportable unbearable

intégrer to integrate; **s'intégrer à** to become integrated

intégrisme *m.* fundamentalism

interdire to forbid, to preclude

intéresser to interest; **s'intéresser à** to be interested in

interpeller to question, arrest

interroger to question, to interrogate

interrompre to interrupt

intime *m., f.* close friend

intrus(e) *m., f.* intruder

inutile useless

inverse *m.* opposite, reverse; **à l'inverse** on the contrary

investir to invest; to take over

ivrognerie *f.* drunkenness

J

jadis before

jamais ever, never; **à jamais** forever

jardinage *m.* gardening

jatte *f.* bowl

jeu *m.* game, play; **Jeux Olympiques** Olympic Games

joie *f.* joy

joindre to join, link; **joint à** added to

joue *f.* cheek

jouet *m.* toy

joueur(-euse) *m., f.* player

jour *m.* day; **de nos jours** these days, nowadays

joyeux(-euse) joyful

juge *m.* judge

jumeau(-elle) twin

juridiquement legally, juridically

justement exactly, precisely

L

labourer to labor, plow

lâcheté *f.* cowardice

laid ugly

laisser to leave; to let; **laisser entendre** to imply; **laisser-aller** *m.* carelessness, lack of control

lancer to launch

lancer *m.* to throw; to launch; **le lancer du disque, du poids, du javelot** discus throwing, shot put, javelin throwing

lapin *m.* rabbit

largement widely, greatly

lasser to weary, tire; **se lasser de** to grow tired of

lavage *m.* washing; **lavage de cerveau** brainwashing

lecteur(-trice) *m., f.* reader

léger(-ère) light

légèreté *f.* fickleness; lightness

législateur(-trice) legislator, lawmaker

léguer to hand down, pass on, bequeath

légume *m.* vegetable

lessive *f.* wash; laundry soap

lever to lift, raise; **se lever** to rise, get up

libérer to liberate, release

libre free

licenciement *m.* layoff

licencier to lay off

lier to connect, link; **lié à** linked to

lieu *m.* place; **lieu commun** *m.* cliche; **avoir lieu** to take place; **en dernier lieu** finally

lifting *m.* face lift

linge *m.* the washing; linen

litote *f.* understatement

livrer to deliver; **livré à soi-même** left to oneself

logement *m.* housing, dwelling

loi *f.* law; **appliquer la loi** to enforce the law

longer to border

lors at the time of

loup *m.* wolf

lumière *f.* light

lutte *f.* struggle, fight

lutter to fight

M

mâcher to chew

magasin *m.* store; **grand magasin** department store

magie *f.* magic

magouille *f.* **(fam.)** chicanery, graft
maigre thin, slim, meager
maigrir to lose weight, get thin
main *f.* hand; **à la main** handmade
maintenir to maintain
maîtriser to master, control; **maîtrise de soi** *f.* self control
mal *m.* evil; sorrow; difficulty; **avoir du mal à (+ infinitif)** to have trouble doing something
maladie *f.* illness, disease; **maladie cardio-vasculaire** cardio-vascular disease
malaise *m.* feeling of faintness; unrest, uneasiness
malentendu *m.* misunderstanding
malgré in spite of, despite
malhonnête dishonest
malhonnêteté *f.* dishonesty
malsonnant offensive
maniement *m.* handling
manière *f.* manner, way; **d'une certaine manière** in a way
mannequin *m.* (fashion) model
manque *m.* lack, want of; **par manque de** through lack of, for want of
manquer to miss, be lacking; **manquer à** to fail
maquillage *m.* make-up
maquiller to fake; **se maquiller** to put on makeup
marchand(e) *m.*, *f.* shopkeeper
marchander to bargain, haggle
marché *m.* market, open air market; transaction, bargain; **marché aux puces** flea market;
marque *f.* brand, make; mark
marseillais of or from Marseille
marteau *m.* hammer
marteler to hammer
massivement in massive doses
masure *f.* dilapidated house, hovel
match *m.* game, match
matière *f.* subject; **en matière de** as regards; **matières grasses** fat
mécène *m.* patron
médecin *m.* doctor
médicament *m.* medicine, drug
méfait *m.* ill effect, damage
méfiant suspicious
méfier: se méfier to mistrust, distrust
mélange *m.* mixture, mixing, blending
mélanger to mix

mêler to mingle, mix together; **se mêler à** to join
menacer to threaten
ménage *m.* housekeeping, household
ménager(-ère) household, domestic
mener to lead
mensuel *m.* monthly (magazine)
mépris *m.* contempt, scorn
mépriser to despise, scorn
mer *f.* sea
mercantile mercenary, venal
méritant deserving
messe *f.* mass
mesure *f.* measure, measurement; moderation; **sur mesure** especially made for someone
méthadone *f.* methadone
métier *m.* profession, job
mettre to put, place; **mettre à l'abri** to protect; **mettre au point** to settle, finalize, perfect; **se mettre à** to begin; **mis à part** aside from
micro-onde *m.* microwave oven
miette *f.* crumb; **en miettes** in bits and pieces
mieux-être *m.* well-being
mijoter to simmer
milieu *m.* environment, background
milliard *m.* billion
minable shabby, seedy, wretched
miner to undermine
ministère *m.* ministry, department
misère *f.* poverty
misogyne misogynous, woman-hating
mixte mixed; coed
mode *f.* fashion, trend; **à la mode** in fashion
mœurs *f., pl.* customs, habits
moindre less, lesser
moine *m.* monk
moins fewer, less; **du moins** at the very least
moitié *f.* half
mondain sophisticated, fashionable
mondial world, world-wide
montée *f.* rise, ascent
morcelé mixed-up
mort *f.* death
motif *m.* motive, grounds
mourir to die
mouvoir to drive, power; **se mouvoir** to move
moyen(ne) average; **moyen** *m.* means, way; **moyenne** *f.* average; **en moyenne** on the average

munir to equip, provide
musée *m.* museum
mutation *f.* transformation, mutation; transfer
mutuelle *f.* mutual insurance company

N

nage *f.* swimming; **nage libre** freestyle swimming
nageur(-euse) swimmer
naguère formerly, not long ago
naissance *f.* birth
natation *f.* swimming
naufrage *m.* shipwreck
néanmoins nevertheless
nécrologie *f.* obituary column
négligeable negligible, trivial
nem *m.* egg roll
népalais nepalese
net(te) clear, clean
nettoyage *m.* cleaning
nettoyer to clean
nier to deny
niveau *m.* level; **niveau de vie** standard of living
noisette *f.* hazel nut
nombre number
notamment notably
nourrir to nourish, feed; **se nourrir de** to eat, feed on, live on
nourriture *f.* food
nouveauté *f.* novelty, newness
nuire to harm

O

obscurantisme *m.* obscurantism
occidental western
occulter to hide
occupé busy
occuper to occupy; **s'occuper de** to take care of, look after, occupy oneself with
œcuménisme *m.* ecumenicalism
œil *m.* eye; **reconnaître à l'œil** to spot
œuvre *f.* work, works, undertaking; **voir quelqu'un à l'œuvre** to see someone at work
oiseau *m.* bird
oisiveté *f.* idleness
ombre *f.* shadow
opposé *m.* opposite, reverse; **à l'opposé** conversely

opposer to contrast; **s'opposer à** to oppose, confront
opprimé oppressed
opprimer to oppress, stifle
or now, but
ordinaire ordinary; **d'ordinaire** usually, as a rule
ordonner to prescribe; to arrange
orgueil *m.* pride
orgueilleux(-euse) proud, arrogant
osciller to fluctuate, oscillate
OTAN NATO
oto-rhino-laryngologiste *m., f.* ear, nose, and throat specialist
outre as well as; **en outre** moreover, besides
ouverture *f.* opening
ouvrage *m.* work, book
ouvreuse *f.* usherette
ouvrier(-ière) *m., f.* worker; **ouvrier non qualifié** unskilled worker
ouvrir to open; **s'ouvrir** to open up

P

P.D.G. (Président Directeur Général) *m.* C.E.O. (Chief Executive Officer)
pain *m.* bread; **pain complet** whole grain bread
paix *f.* peace
palier *m.* level
pallier to offset
panneau *m.* sign, notice board
paraître to appear; **paraître** *m.* appearances, look
parcourir to cover
parcours *m.* route, course
paresse *f.* laziness
paresseux(-euse) lazy, idle
parier to bet; **il y a fort à parier** the odds are
parmi among
part *f.* part, portion; **à part** except for
participer to participate
partie *f.* part; **faire partie de** to be part of
partir to leave; **à partir de** from
parvenir à to get to, reach, succeed
passer to pass, **passé de mode** gone out of style
patinage *m.* skating; **patinage artistique** figure skating
patois *m.* dialect
patrie *f.* homeland, motherland
patrimoine *m.* patrimony, inheritance

patron(ne) *m., f.* boss, owner
pauvreté *f.* poverty
paysage *m.* landscape, scenery
paysan(ne) *m., f.* peasant
peau *f.* skin
péché *m.* sin
peindre to paint
peintre *m., f.* painter
percevoir to perceive
performant successful
péril *m.* peril, danger; **en péril** threatened
perpétuer to keep alive; **se perpétuer** to carry out
perte *f.* loss
perturbation *f.* disruption
pervers perverse
peste *f.* plague
peu little, few; **pour un peu** almost
phoque *m.* seal
pied *m.* foot; **au pied levé** at a moment's notice
piège *m.* trap
pilier *m.* pillar
pilote *m.* pilot; **pilote de chasse** fighter pilot; **pilote de course** race car driver
pire worse
pis worse; **pis encore** even worse
place *f.* position, place
plaindre to pity, feel sorry for; **se plaindre** to complain
plainte *f.* moaning, complaint
plat *m.* dish, course
plein full
plomb *m.* lead
plouc *m.* (fam.) ordinary, common person, hick
plupart: la plupart most; **pour la plupart** for the most part
plus more; **de plus en plus** more and more
plutôt rather
poche *f.* pocket; **en poche** (fam.) in hand, in the bag
poids *m.* weight
poignant poignant, heartrending, distressing
pointilleux(-euse) finicky, persnickety, fussy
poireau *m.* leek
pois *m.* pea; **pois chiche** garbanzo bean, chickpea; **pois cassés** *pl.* split peas
polémique controversial; **polémique** *f.* debate
policier *m.* detective
politesse *f.* politeness

politologue *m.* political analyst
porter to wear; to carry; to bear; **porter sur** to deal with, focus on
position *f.* position; **en dernière position** in last place
poste *m.* position, job
pot-au-feu *m.* (beef) stew
potins *m., pl.* gossip
poule *f.* hen
poumon *m.* lung
poursuivre to pursue, follow; **poursuivre quelqu'un en justice** to sue
pousser to push; to grow
pouvoir *m.* power, authority
pratique *f.* practice
prêcher to preach
précipiter to quicken, speed up; **se précipiter** to rush
préconiser to advocate
prédilection *f.* predilection, partiality; **de prédilection** preferred
préjugé *m.* prejudice
premier ministre *m.* prime minister
prendre to take; **prendre en charge** to take charge of, take care of; **se prendre au sérieux** to take oneself seriously
prescrire to prescribe
prêt ready
prêt-à-porter *m.* ready to wear (clothes)
prétendre to claim, assert
prêter to lend; **prêter à** to give rise to, lend itself to
preuve *f.* proof; **faire preuve de** to show
prévenir to warn
prévoir to foresee, anticipate; to plan; to provide for
primer to be of prime importance; to prevail over, outdo
principe *m.* principle; **en principe** as a rule
prise *f.* hold, grip; **prise de conscience** realization, awareness; **prise de distance** distancing
priser to value
privé private
privilégier to favor
prix *m.* award, prize; price; **à tout prix** at all costs; **au prix de** at the expense of, at the price of
procédé *m.* technique; method
produire to produce; **se produire** to happen, occur; to perform, appear

produit *m.* product; **produit de beauté** cosmetic
professeur *m.* teacher
profiter to take advantage of; to make the most of
profond deep
progéniture *f.* offspring
progrès *m.* progress
projet *m.* plan
promouvoir to promote
provenir de to come from
prune *f.* plum
pseudo-penseur *m.* pseudo intellectual
publicité (pub) *f.* advertisement, ad
puéricultrice *f.* pediatric nurse
puiser to draw from
puiser (dans) to draw (from)
puissance *f.* power, strength
puissant powerful

Q

quant à as for
quart *m.* quarter; **trois quarts** *m., pl.* three-fourths
quel(le) what, which; **quel(le) que soit** whatever
querelle *f.* quarrel
querelleur(-euse) quarrelsome
quête *f.* quest, pursuit; collection; **faire la quête** to beg for money
quoi which, what; **quoi que ce soit** whatsoever
quotidien *m.* daily newspaper; **quotidien(ne)** daily; **au quotidien** daily

R

raccrocher to hang up; **se raccrocher à** to cling to
rachat *m.* repurchase
racine *f.* root
raffinement *m.* refinement
raison *f.* reason; **en raison de** because of, owing to
ralentir to slow down
ralentissement slowing down
râleur(-euse) moaning, complaining, grousing
ramer to row, work hard
rang *m.* rank
rapport *m.* relationship, report; **par rapport à** in comparison with, in relation to
raté(e) *m., f.* (fam.) failure
rater to fail, mess up
rattraper to catch up with

ravageur(-euse) devastating
rayer to cross out, line, rule
rayonnement *m.* radiance, influence
rayure *f.* stripe, scratch
réaliser to realize, achieve, produce
reality show *m.* tabloid talk show
recette *f.* recipe
réchauffer to reheat
recherche *f.* search, research
recherché much sought-after, in demand
rechercher to search for, seek
récompense *f.* reward
reconnaissant grateful
reconvertir to reconvert; **se reconvertir** to retrain oneself
recourir to run again; **recourir à** to turn to, resort to
recours *m.* resort, recourse; **avoir recours à** to turn to
recouvrer to recover, win back
rédacteur(-trice) *m., f.* editor, member of the editorial staff
rédaction *f.* editing, editorial staff
redécouverte *f.* rediscovery
redoublement *m.* repeating a grade
redouter to fear
réduire to reduce; **réduire à néant** to annihilate
refouler to turn back
refus *m.* refusal
regarder to watch, look at; **regarder quelque chose en face** to face something
régime *m.* diet
réglage *m.* adjustment, tuning
règle *f.* rule
règne *m.* reign, kingdom
régresser to regress, recede, diminish
régression *f.* regression, decline
réintégrer to rehabilitate
rejet *m.* rejection; **rejet industriel** industrial waste
réjouir to delight, to gladden
réjouissant joyful
relais *m.* relay
relancer to relaunch, revive, boost
relatif(-ive) relative; **relatif à** pertaining to
relever to note
remarquable remarkable, striking, outstanding
remboursement *m.* reimbursement
rembourser to reimburse

remercier to thank

remettre to put back; **se remettre** to recover, get better

remonter to come back up; to go up; to pull up

remplacer to replace

rendre to give back; **se rendre compte** to realize; **se rendre coupable de** to be responsible for

renoncer to renounce, give up

renouer to take up again

renouveler to renew, replace, revive

renseignement *m.* information

rentabiliser to make profitable, to make a profit on

répandre to spread

repartir to set out again; **repartir de zéro** to start from scratch

répartition *f.* distribution

repas *m.* meal

repassage *m.* ironing

repasser to come back, go back; to cross again; to iron

repère *m.* mark, indicator; reference point, criterion

repérer to spot, locate, pinpoint

reprendre to recover, regain

reproche *m.* reproach

reprocher to reproach

réputation *f.* reputation; **il y va de sa réputation** his/her reputation is at stake

requérir to call for, require

requis necessary

respirer to breathe

ressentir to feel, experience

ressortir to go out again; to stand out; **faire ressortir** to bring out

ressource *f.* resource

restaurateur *m.* restaurant owner; restorer

restaurer to restore

retenue *f.* self-restraint

retour *m.* return

retournement *m.* transformation

retourner to return

retrouver to find again

réunir to reunite, combine

réussir to succeed

réussite *f.* success

revanche *f.* revenge; **en revanche** on the other hand

révélateur(-trice) revealing

révéler to reveal, make known

revendication *f.* claim, demand

revendiquer to claim

revenir to come back, fall upon; **revenir à** to result in

rêver to dream

rêveur(-euse) dreamy

revue *f.* journal, magazine

ricaner to snicker, snigger

ride *f.* wrinkle

rideau *m.* curtain

rigueur *f.* harshness, rigor; **à la rigueur** in a pinch, if need be

rire to laugh; **rire de** to laugh at

riz *m.* rice; **riz poli** white rice

robe *f.* dress; **robe de mariée** wedding gown

robinet *m.* faucet

robot *m.* robot; **robot ménager** food processor

rogue proud, arrogant

romaniser to romanize; **se romaniser** to become roman

rond round, circular, plump

rond *m.* (fam.) cash; **avoir des ronds** to be loaded

roublard wily, crafty

rouler to roll; to go, run; **rouler sur l'or** to be rolling in money

ruineux(-euse) ruinously expensive

rustre *m.* boor

rythme *m.* rhythm; **au rythme de** at the rate of

S

sacré sacred

sage wise, sound

sagesse *f.* wisdom

sain healthy

salaire *m.* salary, pay, wages

salarié(e) *m., f.* salaried employee

sale dirty

salir to dirty, soil

saluer to greet, salute

sans without; **sans-abri** *m., f.* homeless person; **sans-logis** *m., f.* homeless person

santé *f.* health

satiété *f.* satiety, satiation

saut *m.* jump, leap

savant learned, skillful

saveur *f.* taste, flavor

savoir-faire *m.* know-how

savourer to savor
savoureux(-euse) tasty
secouer to shake up
secrétaire-dactylo *f.* secretary typist
séduire to seduce, appeal to
sein *m.* breast; **au sein de** in the midst of
semblable similar
semblant *m.* semblance; **faire semblant de** to pretend
sembler to seem, appear; **il semble que** it seems that
semer to sow, spur
sens *m.* meaning; **sens inné** *m.* innate sense
sensibilité *f.* sensitivity
sensible receptive, sensitive
seringue *f.* syringe; **seringue jetable** disposable syringe
séropositif(-ive) HIV positive
servir to serve, help; **servir de** to be used as
SIDA *m.* AIDS
siècle *m.* century; **siècle des lumières** age of Enlightenment
situer to situate, locate
skaï *m.* imitation leather; leatherette
soigné neat and tidy, well-groomed
soigner to treat, look after
soin *m.* care
sol *m.* ground
sombrer to sink
sommeil *m.* sleep
sommeiller to doze
sommet *m.* summit, top
somptueux(-euse) sumptuous, magnificent, lavish
sondage *m.* poll
sonder to poll
songer to dream; **songer à** to think of, to think over
sort *m.* fate
sorte *f.* sort, kind; **de sorte que** so that
sortie *f.* departure, exit; outing
sortir to go out, leave; **s'en sortir** to manage
sou *m.* **(fam.)** money, cash; **être sans un sou** to be penniless
souci *m.* concern, preoccupation, worry
soucier: se soucier de to care about
soudain sudden, unexpected
souffle *m.* breath, blow, puff; **à bout de souffle** breathless, running out of inspiration (ideas)

souffler to blow
souffrance *f.* suffering
souhaiter to wish, desire
soulager to relieve
souligner to emphasize, underline
soumettre to subject, subjugate; **soumettre à** to submit to
soumis submissive, docile
sourd deaf, silent
souriant smiling, cheerful
sous-titrage *m.* subtitling
sous-titrer to subtitle
soustraire to subtract, take away from; **se soustraire à** to elude
soutenir to support, keep up, uphold, advocate
soutien *m.* support
spectateur(-trice) *m., f.* spectator
spirituel(le) spiritual, witty
stade *m.* stadium
statu quo *m.* status quo
statut *m.* status
stocker to input
styliste *m., f.* designer, stylist
subordonné subordinate
succès *m.* success
sucre *m.* sugar; **sucre rapide** *m.* food that causes a sugar rush or high
suédois Swedish
suffire to suffice, be sufficient
suffisamment sufficiently, enough
suffisant sufficient, self-important
suivant according to
suivre to follow
supplier to implore, beseech
supporter to put up with
supposer to suppose, presuppose
supprimer to delete, suppress, do away with
suprématie *f.* supremacy, superiority
sûr safe, sure
surdité *f.* deafness
surgelé frozen; **surgelés** *m., pl.* frozen food
surgir to arise, appear suddenly; **surgir à l'esprit** to come to mind
surveiller to watch, keep watch over, supervise
survie *f.* survival
survivant(e) *m., f.* survivor
survivre to survive; **survivre à** to outlive, outlast

susceptibilité *f.* touchiness
susciter to incite, give rise to
suspendre to suspend, stop, hang
sympathique nice

T

tabac *m.* tobacco
tâche *f.* task, work
taille *f.* size, height
tandis que while
tant so much; **en tant que** as; **tant pis** too bad;
   tant que as long as
taper to beat, knock, type, kick
tâtonner to grope
taux *m.* rate, level
tel(le) such, like; **tel que** like, as
téléspectateur(-rice) *m., f.* television viewer
tellement so
témoignage *m.* testimony, account
témoigner to testify
temps *m.* weather, time; **ces derniers temps** lately
tendance *f.* trend, tendency
tendre to tighten, hang; **tendre à** to tend towards
   something
tendresse *f.* tenderness
tenir to hold, run; **se tenir à distance** to keep
   one's distance
tentant tempting, enticing
tenter to try, tempt
tenue *f.* outfit
terroir *m.* region, (native) soil
terroir *m.* soil; **vin de terroir** regional wine
tête *f.* head; **à la tête de** at the head of
tiède lukewarm, mild
tiers *m.* third
tirer to pull, pull out; **tirer de** to draw from; **s'en
   tirer** to get by, manage
tissu *m.* material, fabric; **tissu social** *m.* social fabric
titre *m.* title; **titre de séjour** equivalent to green
   card; **titre de transport** ticket; **à titre de** as a; **à
   ce titre** as such
titré titled, carrying a title (of nobility, etc.)
tonne *f.* ton
tordre to wring, twist, contort
torsion *f.* twisting, torsion

tort *m.* fault, wrong; **avoir tort** to be wrong
touchant touching, moving
tournant *m.* turning point
tournoi *m.* tournament
tout every, each; **tout de même** all the same, for
   all that; **tout seul** by oneself, all alone
toutefois however
toxicomane *m., f.* drug addict
toxicomanie *f.* drug addiction
traducteur(-trice) *m., f.* translator
traduction translation
traduire to translate
trafiquant *m.* trafficker; **trafiquant de drogue** *m.*
   drug dealer
trahison *f.* betrayal
traîner to lag behind, dawdle
traitement *m.* treatment
traiter to treat, process, deal with, discuss
trajet *m.* distance, route, journey
tranche *f.* slice
transmettre to pass on, transmit
transporter to carry, transport, carry away
travers: à travers through
traverser to cross
tremblement *m.* trembling; **tremblement de terre**
   earthquake
tremplin *m.* springboard
tristesse *f.* sadness
trouble shady, murky, unclear
truc *m.* thing, thingamabob, thingumajig, doohickey
tuer to kill
turpitude *f.* base act

U

uni united
univers *m.* universe
usé old, worn out
usine *f.* factory
utile useful

V

vache *f.* cow
vainqueur *m.* winner
vaisselle *f.* dishes
valeur *f.* value, worth

vedette *f.* screen/film star
véhiculer to convey, transport
veiller to stay up, sit up; **veiller sur** to look after
vélo *m.* bike, cycle
vent *m.* wind
vérité *f.* truth
vernis *m.* varnish; **vernis à ongles** nail polish
vert green, ecological
vertu *f.* virtue
vestimentaire (pertaining to) clothing
vibrer to thrill
victoire *f.* victory
vide *m.* emptiness
vider to empty
vieillesse *f.* old age
vieillir to age, grow old
vieillissant aging
vieillissement *m.* aging
vieillot(te) antiquated, quaint
vieux (vieille) old
visage *m.* face
viscéralement deeply
viser to aim for, set one's sights on

voie *f.* road, way; **en voie de** undergoing, on the way to, in the process of
voilier *m.* sail boat
voir to see; **à voir** judging from
voire even, indeed
voirie *f.* garbage collection; highway maintenance
voisinage *m.* neighborhood
voiture *f.* car; **voiture de course** race car
vol *m.* theft; flight
volant *m.* steering wheel; **au volant** at the wheel
voler to steal; to fly
volonté *f.* will, wish
volontiers with pleasure
vouer to vow, devote; **se vouer à** to turn to
vouloir to want, desire; **en vouloir à** to bear a grudge against, to reproach
vulgaire vulgar, coarse; commonplace
vulgarisation *f.* popularization

Z

zèle *m.* zeal
zoophile *m., f.* animal lover